中国自驾游
安徽

"中国自驾游"编写组 编写

中国地图出版社
北京

出发前，检查你的装备

●随车装备
随车工具：轮胎扳手、灭火器、水桶、绞盘、拖车绳/杆、搭电线、工兵铲、车载充气泵、千斤顶、快速补胎剂、钳子、警示牌、灭火器、防冻液、防滑链*。
备件：充足气的备胎、易损汽车零件（灯泡、雨刮片）、机油、制动液、玻璃水。

●现金和证件
现金：零钱若干。
证件及文件：身份证、驾驶证、行驶证、购置税证、车船使用税证、边防证或护照*，首页写好姓名、血型、身体情况以及紧急联系人电话的记事本、车辆及人身保险信息。
行程单：一式两份，一份带在身上，一份留在家中。

●通信定位装置
通信设备：手机、充电器、充电宝、蓝牙耳机。
导航及指南类工具：导航类app（提前下载好离线地图）、纸质旅行指南、指南针、地图。
车队用设备*：车载电台、手持电台、对讲机。

●日常用品
衣物：驾驶用平底鞋、徒步用登山鞋。
野营用品：帐篷、睡袋、充气枕头、防潮垫、照明灯具、折叠桌椅、卡式炉、气罐、炊具、水具（水壶、水袋、皮囊等）、烧烤炉、遮阳伞。
变压设备：12V—220V车载逆变器。
储存设备：车载冰箱、保温箱。
其他：防晒用品、望远镜、墨镜、手套、雨具、头灯和手电、多功能户外手表、多功能刀具、保温杯、一次性餐具、消毒湿巾、纸巾、洗漱用具、小镜子、指甲钳、抹布、别针、橡皮筋、针线包、捆绑绳、垃圾袋、防风打火机或防潮火柴、旧报纸、记事本。

●药品
内服：感冒药、退烧药、止痛药、清火解毒类药品、肠胃药、维生素、抗过敏类药品、防晕车药品，与自身身体状况有关的药品（高血压药、心血管药、助眠药等）。
外用：云南白药、万花油、清凉油、风油精、氟轻松软膏、眼药水、骨伤贴药、驱蚊虫类喷雾。
抗高原反应类*：西洋参含片、葡萄糖口服液、布洛芬、高原红景天、抗高反处方药（乙酰唑胺、地塞米松等）、氧气瓶。
简易医疗用品：体温计、创可贴、绷带、纱布、白胶布、碘伏、棉签、口罩。

*特定情况需要

安徽省..4
　安徽交通旅游图..6
　安徽自驾线路总览..8

1 皖北访古之旅...10
淮北市→宿州市→蚌埠市→滁州市→淮南市→阜阳市→亳州市

途中亮点
淮北市博物馆 临涣古镇....................................11
宿州市博物馆 蚌埠市博物馆................................12
龙子湖景区 汤和墓 凤阳县博物馆 明中都鼓楼................13
明皇陵 淮南市博物馆 田家庵老街 寿县古城墙
　安徽楚文化博物馆......................................14
报恩寺 八公山 阜阳市博物馆..............................15
颍州西湖 曹操运兵道.....................................16
花戏楼 南京巷钱庄.......................................17

地图
皖北访古之旅..11

更多精彩
三国时期的安徽人..16

2 安徽中西部之旅......................................18
滁州市→合肥市→六安市→安庆市

途中亮点
滁州博物馆 琅琊山 安徽博物院（新馆）
　安徽名人馆..20
包公园 李鸿章故居.......................................21
三河古镇 巢湖半汤温泉 皋城双塔..........................22
皖西博物馆 昭庆寺 天堂寨 天柱山.........................23

地图
安徽中西部之旅..18
合肥城区..21

3 长江沿线之旅...24
马鞍山市→芜湖市→铜陵市→池州市→安庆市→池州市

途中亮点
采石矶 马鞍山市博物馆 朱然家族墓地博物馆................25
李太白墓 芜湖古城 滨江公园 雨耕山历史建筑群
　铜陵博物馆..26
大通古镇 九华山...27
秀山门博物馆 安庆博物馆（中国黄梅戏博物馆）
　迎江寺..28

目录

世太史第（赵朴初故居）菱湖公园..................29
升金湖 东流古镇 南溪古寨..................31

地图
长江沿线之旅..................25
安庆城区..................28
漫步安庆..................30

特别呈现
漫步安庆..................30

更多精彩
守护江中"精灵"..................28

4 皖南另辟蹊径之旅..................32

宣城市：宣州区→泾县→旌德县→绩溪县

途中亮点
宣城市博物馆 谢朓楼 敬亭山..................34
水东镇老街 水墨汀溪风景区 小岭村..................35
厚岸村 查济村 桃花潭风景区..................36
中国宣纸文化园 黄田村 文庙 朱旺村 江村..................37
上庄村 绩溪博物馆 三雕博物馆
古孔灵湼坡庄园..................38
徽杭古道..................39

地图
皖南另辟蹊径之旅..................33

更多精彩
徽州文房四宝..................37

5 徽州山水精华之旅..................40

黄山市：歙县→黄山区→黟县→休宁县→屯溪区

途中亮点
新安江山水画廊风景区 渔梁坝 徽州古城..................41
棠樾牌坊群 黄山..................43
木坑竹海 宏村..................44
西递 齐云山..................45
万安古镇 古城岩 屯溪老街 胡开文墨厂
　黎阳in巷..................47

地图
徽州山水精华之旅..................41
漫步徽州古城..................42
漫步屯溪..................46

特别呈现
漫步徽州古城..................42
漫步屯溪..................46

▼新安江

安徽省位于中国中东部,与苏、浙、鄂、豫、赣、鲁六省接壤。省内地形地貌丰富,长江和淮河自西向东横贯全境,把全省分为三个自然区域:淮河以北是一望无际的大平原,土地平坦肥沃;长江、淮河之间丘陵起伏,河湖纵横;长江以南的皖南地区重峦叠嶂,以黄山、九华山为代表的山岳风光秀甲天下。安徽适合自驾出行,一路乡村和山岭风光相伴,全程道路平坦,自驾难度较小。这里有被誉为"江南天路"的皖南川藏线,集桂林山水之美、云南石林之奇、川藏线之险于一身,展现大自然的神秘力量;这里有八百里巢湖的环湖路线,一路风景如画,可在观景台停车驻足,临湖赏景,悠然自得。这就是安徽,中国旅游资源最丰富的省份之一,名山胜水遍布境内,自然景观和人文景观交相辉映,共同描绘了一幅美丽的自驾游风情画卷。

▼ 徽州秋色

安徽省

安徽交通旅游图

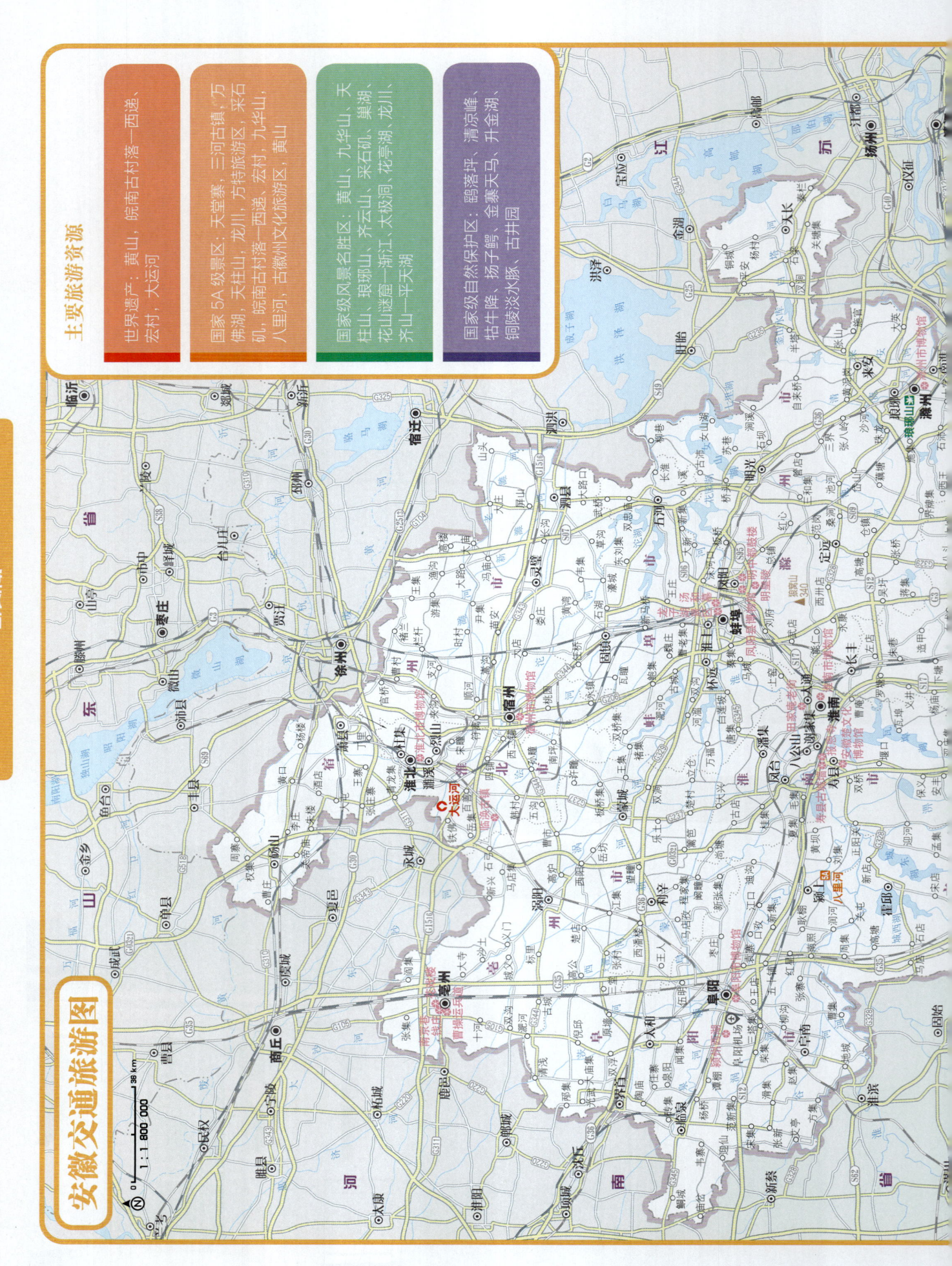

主要旅游资源

世界遗产：黄山，皖南古村落—西递、宏村，大运河

国家5A级景区：天堂寨，三河古镇，万佛湖，天柱山，龙川，方特旅游区，采石矶，八里河，皖南古村落—西递、宏村，古徽州文化旅游区，黄山，九华山

国家级风景名胜区：黄山，九华山，天柱山，琅琊山，齐云山，采石矶，巢湖，花山谜窟—渐江，太极洞，花亭湖，龙川，齐山—平天湖

国家级自然保护区：鹞落坪，清凉峰，牯牛降，扬子鳄，金寨天马，升金湖，铜陵淡水豚，古井园

安徽省　7

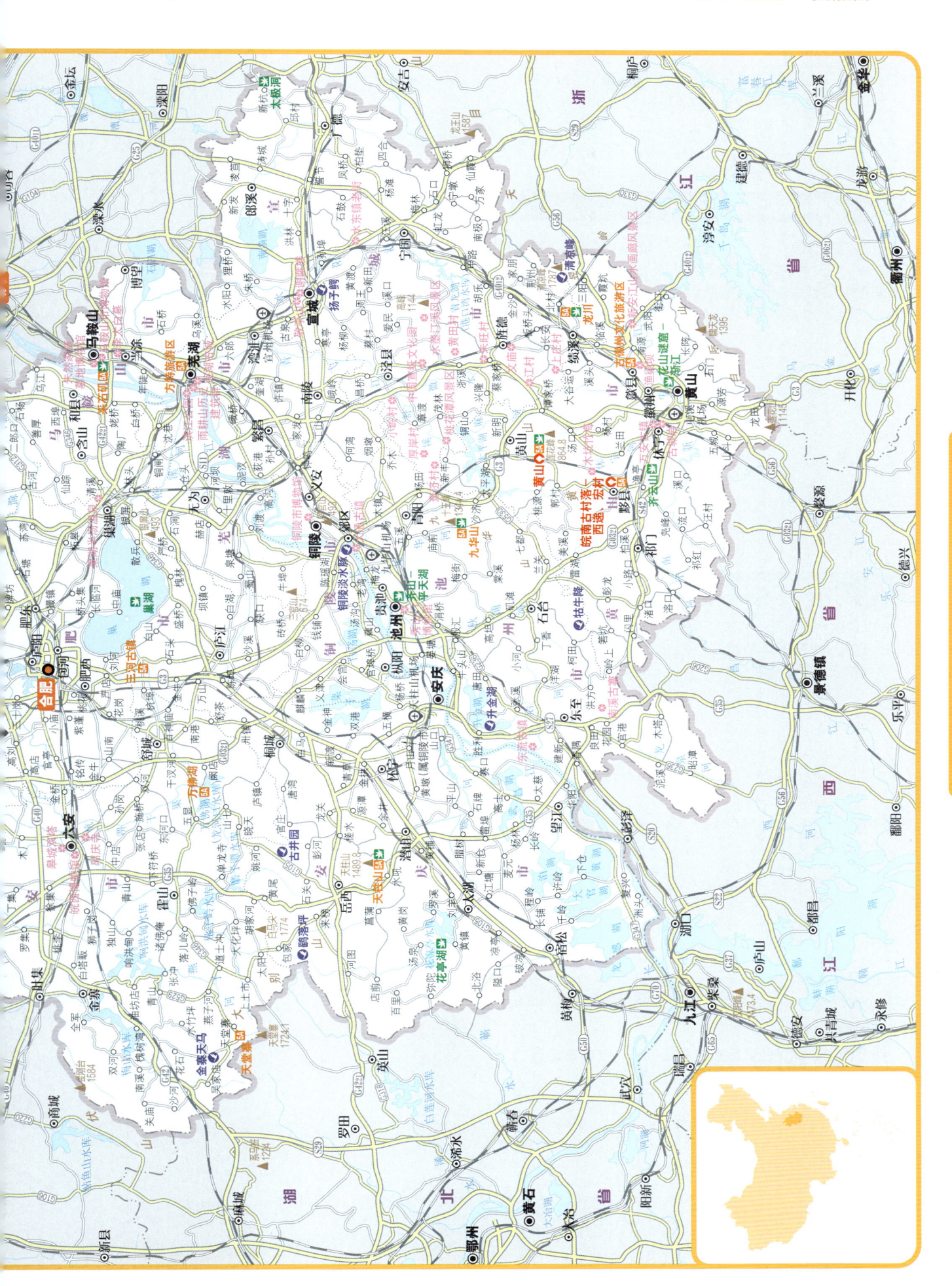

安徽交通旅游图

安徽自驾线路总览

1　皖北访古之旅　见10页

547公里／5天

在秦汉和三国的风云席卷而过的沃土上驰骋，于历史遗迹中一窥皖北大地上的精彩过往。

2　安徽中西部之旅　见18页

816公里／6天

中部文人墨客的抒情诗词与西部跌宕起伏的历史故事，都在这条路上展现。

3　长江沿线之旅　见24页

424公里／6天

逆流而上，探访各具特色的沿江城市，在寻古迹与赏风光中领略长江的壮阔和九华山的神秘。

安徽省

安徽省

4 皖南另辟蹊径之旅　见32页

453公里 / 6天
避开人潮，驶入皖南川藏线，欣赏沿途层峦叠嶂、溪流纵横的秀丽景色，体验徒步古道的惊险魅力。

如果你喜欢……

博物馆
（1）淮北市博物馆、宿州市博物馆、蚌埠市博物馆、凤阳县博物馆、淮南市博物馆、安徽楚文化博物馆、阜阳市博物馆（❶ 皖北访古之旅）
（2）滁州博物馆、安徽博物院（新馆）、皖西博物馆（❷ 安徽中西部之旅）
（3）马鞍山市博物馆、朱然家族墓地博物馆、铜陵博物馆、秀山门博物馆、安庆博物馆（中国黄梅戏博物馆）（❸ 长江沿线之旅）
（4）宣城市博物馆、绩溪博物馆、三雕博物馆（❹ 皖南另辟蹊径之旅）

自然奇观
（1）八公山、颍州西湖（❶ 皖北访古之旅）
（2）琅琊山、天堂寨、天柱山（❷ 安徽中西部之旅）
（3）采石矶、九华山、升金湖（❸ 长江沿线之旅）
（4）敬亭山、水墨汀溪风景区、桃花潭风景区（❹ 皖南另辟蹊径之旅）
（5）新安江山水画廊风景区、黄山、木坑竹海、齐云山（❺ 徽州山水精华之旅）

古镇老街
（1）临涣古镇、田家庵老街（❶ 皖北访古之旅）
（2）三河古镇（❷ 安徽中西部之旅）
（3）芜湖古城、东流古镇（❸ 长江沿线之旅）
（4）水东镇老街（❹ 皖南另辟蹊径之旅）
（5）徽州古城、万安古镇、屯溪老街（❺ 徽州山水精华之旅）

特色村落
（1）南溪古寨（❸ 长江沿线之旅）
（2）小岭村、厚岸村、查济村、黄田村、朱旺村、江村、上庄村（❹ 皖南另辟蹊径之旅）
（3）宏村、西递（❺ 徽州山水精华之旅）

5 徽州山水精华之旅　见40页

310公里 / 6天
探访名山与古城、古村，饱览经典的皖南风光，享受正宗的徽州美食。

皖北访古之旅

淮北市 ➡ 宿州市 ➡ 蚌埠市 ➡ 滁州市 ➡
淮南市 ➡ 阜阳市 ➡ 亳州市

里程： 547公里
天数： 5天
驾驶难度： ★☆☆☆☆
新能源车友好度： ★★★★☆

这条线路从淮北市出发，先向南经过宿州市和蚌埠市，路过滁州市的凤阳县，然后向西经过淮南市和阜阳市，最后向北到亳州市结束，一路串联起安徽北部的主要看点。淮北与宿州地理位置相近，历史上，隋唐大运河的通济渠曾沟通两地，如今虽然运河已经荒废，但依然可以去博物馆欣赏精美文物。朱元璋的"中都"凤阳散落着一些历史看点。淮南地区的古城寿县还保留着北宋时期的城墙，它既是《三国演义》中的曹营重镇，又是淝水之战的古战场。亳州诞生了曹操、华佗，当年的运兵道和美轮美奂的花戏楼都值得一去。皖北地势一马平川，却能使楚汉文化、淮河文化、老庄文化、道医文化兼容并蓄。自驾游皖北，可以畅行无忧地体验文道、药道、商道、艺道和味道。

行程安排

第1天 ① 淮北市 ➡ ② 临涣古镇　40公里
② 临涣古镇 ➡ ③ 宿州市　54公里
游览淮北市相山区的**淮北市博物馆**后，沿人民中路、胜利大道行驶至濉溪县的**临涣古镇**。游览后，沿胜利大道、盐洛高速行驶至宿州市。游览埇桥区的**宿州市博物馆**。夜宿宿州市。

第2天 ③ 宿州市 ➡ ④ 蚌埠市　108公里
④ 蚌埠市 ➡ ⑤ 凤阳县　17公里
从宿州市出发，沿威汕线、东海大道行驶至蚌埠市，路上会经过陈胜、吴广起义的大泽乡，可以到涉故台停留片刻。抵达蚌埠市后，游览蚌山区的**蚌埠市博物馆**，龙子湖区的**龙子湖景区**、**汤和墓**，然后沿东海大道、涂山大道前往滁州市凤阳县。夜宿凤阳县。

第3天 ⑤ 凤阳县 ➡ ⑥ 淮南市　68公里
⑥ 淮南市 ➡ ⑦ 寿县　23公里
游览滁州市凤阳县的**凤阳县博物馆**、**明中都鼓楼**和**明皇陵**后，从凤阳县出发，沿凤阳支线、蚌合高速行驶至淮南市，游览田家庵区的**淮南市博物馆**、**田家庵老街**后，沿洞山西路、G328前往寿县，游览**寿县古城墙**后夜宿寿县。

第4天 ⑦ 寿县 ➡ ⑧ 阜阳市　117公里
游览**安徽楚文化博物馆**、**报恩寺**、**八公山**。游览完毕后，从寿县出发，沿滁新高速、东湖路行驶至阜阳市，游览颍州区的**阜阳市博物馆**和**颍州西湖**后，夜宿阜阳市。

第5天 ⑧ 阜阳市 ➡ ⑨ 亳州市　120公里
沿济广高速、木兰大道行驶至曹操故里亳州市，游览谯城区的**曹操运兵道**、**花戏楼**、**南京巷钱庄**后，结束行程。

▼ 南京巷钱庄

皖北访古之旅

途中亮点

淮北市 0516

◆ **淮北市博物馆** 见本页地图

淮北市博物馆，又名隋唐大运河博物馆，位于淮北市相山区博物馆路1号。该馆创建于1976年，由郭沫若先生题写了原馆标。1999年，"全国十大考古新发现"之一的隋唐大运河淮北柳孜遗址为博物馆贡献了众多的文物珍品。淮北市博物馆馆藏文物数万件，陈列面积5000平方米，展陈专题有"隋唐五代陶瓷""运河疑云""淮北汉画像石及淮北历史名人""宋代瓷器""古相遗珍""证券文物""淮海战役""书画"等。其中小小的影青孩童抱球瓷塑佐证了北宋时蹴鞠运动就流行起来了。

门票：免费

营业时间：周二至周日 8:00—17:30，周一闭馆

微信公众号：淮北市博物馆

◆ **临涣古镇** 见本页地图

临涣镇，古称"铚"，又名古茶镇，在2006年被列为全国文物保护单位，交通区位优越，青阜铁路、泗许高速、S202穿境而过，淮河两条重要支流浍河、包河在此交汇。尽管如此，这里依然属于小众旅行景点，因此保留着淮北小镇最真实的面貌。临涣古镇历史悠久，最早可以追溯至夏商时期，城内保存着多座历史建筑，在淮海战役中，解放军第三野战军总前委指挥部也屹立于古镇之中，现在作为展馆开放。

临涣古镇的另一大特色就是茶馆文化，本地人大事小情都会约在茶馆里解决，镇上的老人至今也保留着泡茶馆的习惯，甚至三天不去还要和茶友告假。镇南的怡心茶楼是本地人消磨时光的百年老茶馆，周末

和节假日会有淮北大鼓表演。临涣人虽然爱喝茶，这里却不产茶，茶均来自附近的六安、黄山等地。这里有一种"**棒棒茶**"，没有叶片，只有茶叶梗，就是来自六安的红茶棒。

营业时间： 全天开放
微信公众号： 临涣古镇

宿州市　0557

◆宿州市博物馆　见11页地图

博物馆于2010年10月建成开放，建筑风格充分吸纳了汉文化元素：规制为仿汉式高台大屋顶，外墙由大理石建造，正立面镶嵌着取自汉画像石图案的浮雕，庄重古朴。全馆共分为三层：一层为临时展厅和民间艺术馆。其中，民间艺术馆包括地方戏曲、埇桥马戏、民间工艺、书画艺术和灵璧奇石5个部分。二层、三层是展示宿州历史的文化展厅，包括"九州通衢""人文溯源""秦汉雄风""汴水咽喉""明清遗韵""现代风云""人杰地灵"等7个部分。镇馆之宝有车马出行画像石、汉代铜钫、三彩兔形座天鹅纹枕、商龙虎铜尊等。关于淮海战役的陈列展是军事迷们不可错过的。

门票： 免费
营业时间： 周二至周日9:00—17:30，（17:00停止入馆），周一闭馆
微信公众号： 宿州市博物馆

蚌埠市　0552

◆蚌埠市博物馆　见11页地图

蚌埠市博物馆成立于1974年，坐落于龙子湖西侧的市民广场，是一座以展示蚌埠古代历史、近现代城市发展史，以及淮河历史文化为主的综合性博物馆。现址建筑外观取意于"大禹劈山导淮"，展馆面积非常大。馆藏文物超过1万件，既有数十万年前的古生物化石，也有记录历史文明各个时期的陶瓷器、青铜器、玉器、书画及古籍善本等。馆内常设展览有"孕沙成珠——蚌埠历史文化陈列""流动的文明——淮河历史文化陈列""记忆流年——蚌埠市非物

▲ 蚌埠市博物馆

▼ 龙子湖

安徽省 13

▲ 明中都鼓楼

质文化遗产展""铲释天书——考古体验厅""梳影宝鉴——馆藏精品铜镜展"等。重要馆藏文物包括元代青花缠枝牡丹瓶、陶塑雕题纹面人头像、青花缠枝牡丹纹兽耳盖罐、双墩刻符、白玉透雕龙纹带扣、同治三年（1846年）长江水师提督银印等。

门票： 免费
营业时间： 9:00—17:00，周一闭馆
微信公众号： 蚌埠市博物馆

◆龙子湖景区 见11页地图

龙子湖以面积之广位列国内十大城市内湖之一，呈南北走向，湖岸曲折多变，水面纵深开阔，从空中鸟瞰形似一条腾空巨龙。这里青山碧水相连，既有风景宜人的自然风光，又有韵味无穷的人文景观。湖面波光粼粼，映照出蓝天白云，湖畔绿树成荫，花香四溢。龙子湖风景区划分为北湖景区、南湖景区、西芦山景区、锥子山景区等四大景区，有汤和墓、蚌埠市革命历史陈列馆、龙子湖西公园、龙湖文化艺术馆等景点。景区里还有中国南北分界线的标志，它是美术大师韩美林的作品。

门票： 免费

◆汤和墓 见11页地图

汤和墓是安徽省所知墓主身份最高的明代墓葬，是蚌埠市爱国主义教育基地之一，值得前往。汤和与明代开国皇帝朱元璋相识于幼时，为同乡好友。汤和比朱元璋大三岁。史书记载，他"幼有奇志"，嬉戏玩耍时，会自己练习骑马射箭，俨然一个"孩子王"。成年之后的汤和，身高七尺，举止洒脱，性情沉稳，善于谋略，在地方颇有号召力，后来成为中国抗倭史上的先驱者，也是早期地方抗击倭寇武装的首创者。汤和对待朱元璋忠勇恭顺，也是封建王朝时期少数得以善终的开国大将。步入汤和墓园，神道上依次有神道碑、石马、石羊、石狮、武士、文官等石像生，其线条流畅粗犷，是明朝时期陵墓雕刻艺术的代表。石刻的两边是成片的青松古树，庄严肃穆。

门票： 免费
营业时间： 全天开放

滁州市 0550

◆凤阳县博物馆 见11页地图

凤阳县博物馆设置了"出土文物""钟离古国"和"大明中都"三个主展厅，分为"序厅""凤阳历史文物展""钟离古国展""大明中都展"等几个部分。这座县级博物馆内看点众多，一进大门就能看见镇馆之宝——出土于明中都皇故城的蟠龙石础，它是目前全国最豪华罕见的都城金銮殿的大石头础，础面雕饰翔云纹图案，础槽突起精雕，蟠龙飞舞，尽显皇家气势，是研究中国古代皇家建筑的重要资料。其他重点馆藏包括"钟离古国"中展出的卞庄钟离辰墓出土的铜编钟、陶器，"大明中都"展出的明中都考古发掘出的建筑构件，如琉璃构件、城墙文字砖、龙凤纹样的瓦当等。逛完后还可以到中庭的小花园走走，花坛是用明中都发掘出来的残破石构件砌成的。

门票： 免费
营业时间： 周二至周日 9:00—17:00，周一闭馆
微信公众号： 凤阳县博物馆

◆明中都鼓楼 见11页地图

明中都鼓楼是明中都城的附属建筑，和西边已毁的钟楼相距3000多米，遥遥对立于中都城中轴线的两侧。鼓楼由台基和楼宇两部分组成，台基南北长72米，东西宽34.25米，高15.8米，是中国最大的鼓楼台基。鼓楼又称谯楼，建于明洪武八年（1375年）。基上楼宇初建之时，"层檐三覆，栋宇百尺，巍乎翼然，琼绝尘埃，制度宏大，规模壮丽"。台基正中间开三个门洞，中门略大，上有朱元璋亲书的"万世根本"四个楷书大字，这四个御笔大字，其意

皖北访古之旅

▲ 寿县古城墙

旨至今仍是明史专家未能破解之谜。台基上三重檐城楼复建于1998年，楼内有一个朱元璋展览馆，可在这里了解朱元璋带来的凤阳城的建造史，站在鼓楼上也可俯瞰县城。

门票： 30元
营业时间： 8:00—17:30

◆ 明皇陵   见11页地图

明皇陵位于滁州市凤阳县城南7公里处，是明朝开国皇帝朱元璋为其父母和兄嫂修建的，主要有皇城、砖城、土城三道，殿宇、房舍千余间，以及陵丘、石刻群等，但现在仅存陵丘及石刻群。身临旧址时，依然能够感受到昔日建筑的恢宏与壮观。安设于帝王陵墓前的石像生，每一种都有其寓意。明皇陵中的32对皇陵石像生，是在宋元石刻艺术影响下的最早产物，数量居历代帝王陵墓之首。漫步其间，你会发现它们都是用整块石料雕琢而成的。皇陵原本还有享堂和配殿等地面建筑，但毁于明末农民起义及其后的历次战争，如今的享堂是重建的。

门票： 50元
营业时间： 9:00—18:00

淮南市   0554

◆ 淮南市博物馆   见11页地图

这座博物馆是安徽省首批建立的市级博物馆之一，面积不大但五脏俱全。"淮土遗珍"展出了淮南市博物馆收藏的部分青铜器、陶瓷器、玉器、造像等精品文物，呈现了淮南古代文明发展的重要历程。"寿州窑瓷器精品陈列"以淮南地区最具地方文化特色的寿州窑为主题，向观众展示了寿州窑的创烧背景、发掘研究和烧造成就，堪称寿州窑入门级科普，这个展览中的观众互动区很有意思，可以亲手触摸展示模型。"鉴古照今陈列"馆藏的铜镜分为战国、汉魏、唐宋、明清四个单元，详细介绍了古代铜镜的纹饰、器形、演变发展等，展览氛围很好，并用模型复原了古代用镜的场景。

门票： 免费
营业时间： 周二至周日8:00—16:30，周一闭馆
微信公众号： 淮南市博物馆

◆ 田家庵老街   见11页地图

以淮河码头、港口一路、港口二路、太平街、淮河路为代表的田家庵老街保留了淮河流域相对完好的城市形态，是现代淮南城市的起源地之一，见证了这座城市从"淮南三镇"到现代化能源城的发展。走进田家庵老街，俯首皆是时光碎片。现存的老建筑大都建设于20世纪50至70年代。红砖墙体的市人民政府大楼是老建筑的代表，对称的设计彰显中国传统审美标准，木制的门窗古朴庄严，大楼正面上的五角红星，至今仍闪烁着光辉。漫步在田家庵老街，经过国营照相馆、商店、旅社、银行、电话亭、候船室……仿佛进行了一次穿越之旅，老街的时间似乎是停止的，历史永远被尘封在这里。若要了解田家庵的发展史、建设史，不妨来此一游。

门票： 免费
营业时间： 全天开放

◆ 寿县古城墙   见11页地图

寿县，古称寿春、寿阳、寿州，历史上曾为五国之都，因地处襟江扼淮的重要位置，千百年来，寿县一直都是兵家必争之地。寿县古城墙正是因军事防御而建，它成型于北宋，砖壁石基，城开四门，各有瓮城，是中国国内保存完好的宋代古城墙之一，比山西平遥古城还要早100多年。寿县历史上长期受洪水侵袭，城墙多次将洪水挡于城外，让居民免受洪涝之灾。四座古城门分别是东门宾阳、南门通淝、西门定湖、北门靖淮。城中有文庙、清真寺、月坝、三眼井、三步二桥等景点值得打卡，你也可登上城墙去走一段，俯瞰这座老城。

门票： 免费
营业时间： 全天开放

◆ 安徽楚文化博物馆   见11页地图

安徽楚文化博物馆即寿县博物馆，坐落于寿县新城区寿春城国家考古遗址公园内，是我国唯一以"楚文化"命名的博物馆，也是我国收藏楚金币数量最多的博物

馆。巨大的鼎形雕塑背后，是极简的城状建筑主体。主建筑有三层，呈瓮城、方城、斗城布局，呼应了楚人"四方筑城""荆楚高台"的建筑风格。博物馆展陈内容包括"安徽楚文化""寿县文明史"两个基本陈列和"寿春寿文化"专题陈列。安徽楚文化陈列主要包括"立国江汉""东进江淮""徙都寿春""楚韵悠长"四个单元，寿县文明史陈列主要包括"淮夷旧邦""两汉寿春""秦晋纷争""隋唐寿州""寿州之战""宋清寿州""革命沃土"七个单元。镇馆之宝包括三足羊首铜尊、"越王者旨于赐"剑、北宋"重佛舍利"缠枝牡丹纹金棺等。

门票：免费

营业时间：周二至周日 9:00—17:00（16:00 停止入馆），周一闭馆（国家法定假日除外）

微信公众号：安徽楚文化博物馆

◆报恩寺 见11页地图

寿县报恩寺是一座唐朝时期的佛教寺庙，于唐贞观年间（627—649 年）由玄奘法师主持修建，后经多次修复重建，迄今已有1300多年的历史。1977年清理佛塔地宫时出土了舍利金棺椁等宝物，现在大多收藏在安徽楚文化博物馆。寺院中那两棵二十多米高的千年银杏，皆为雄株，枝繁叶茂，遮天蔽日，目睹了报恩禅寺的沧桑变迁。寿县报恩禅寺对于淮南当地人乃至周边城市的游客来说，也是一个观赏银杏的绝佳之地，不是因为寺内佳木成林，而是那"尽日苔阶闲不扫，满园银杏落秋风"的唯美意境。报恩寺的主要景点有山门、西方三圣殿、西方接引殿、地藏殿、十八罗汉殿、大雄宝殿、毗卢佛大殿、泥塑十八罗汉、古塔遗址等。可留意大雄宝殿大门两旁墙上嵌着的"南无释迦牟尼佛"七个大字，这些字是宋末元初的著名书法家、画家、诗人赵孟頫题写的。

门票：免费

营业时间：8:00—18:00

◆八公山 见11页地图

八公山曾是淝水之战的主战场，是"风声鹤唳""草木皆兵"等成语的出处，也是汉代淮南王刘安的主要活动地。传说他常与八位贤士一起在山上研究天象、编订历法，写出博大精深的《淮南子》，他们都热衷于修仙，所以有了"一人得道，鸡犬升天"的故事。刘安在某次修炼丹药的过程中操作不慎，丹药没炼成，却意外发明了豆腐，八公山因此也成为豆腐的发祥地。刘安当然没有得道，更没有成仙，他长眠在八公山脚下。从公园正门外顺大路往西走300米，能看到汉淮南王墓。山脚还有一座廉颇墓，墓主即负荆请罪的廉颇将军，《史记》记载他病逝于寿春。值得注意的是，如今八公山被分成南北两个公园，北边的是八公山国家地质公园，南边则是八公山森林公园，可以根据兴趣选择游览。

门票：八公山国家地质公园和寿县八公山森林公园均为40元

营业时间：8:00—17:30

阜阳市　0558

◆阜阳市博物馆 见11页地图

阜阳市博物馆新馆以"石开现玉"为主题，整座建筑用玻璃装饰，闪耀着玉石般的光

▼八公山

▲ 颍州西湖

泽。展厅布局设计精心，以时间为线索，展示了阜阳从古代到现代的发展历程。在这里，你可以看到阜阳在不同历史时期的风貌，了解这座城市的兴衰与变迁。博物馆还通过多媒体展示、场景还原等方式，让观众更加身临其境地感受历史，体验当时的风土人情。博物馆的珍品西汉简牍共有5226枚，其中的《诗经》《周易》等13部入选《国家珍贵古籍保护名录》。其他本地出土文物，如商代龙虎铜尊、西汉二十八宿圆仪等均有极高的历史价值。博物馆周边还有阜阳图书馆、阜阳科技馆和双清湾公园等，可根据兴趣和时间选择游览。

门票： 免费
营业时间： 周二至周日9:00—17:00（16:30停止入馆），周一闭馆（国家法定假日除外）
微信公众号： 阜阳市博物馆

◆ 颍州西湖   见11页地图

颍州西湖为风景湖，因阜阳在北魏以后称"颍"而得名，与杭州西湖、惠州西湖和扬州瘦西湖并称为中国四大西湖，并且是其中面积最大的。园林内均有诗词路牌，宋代建筑也得到还原。欧阳修、苏轼等名人曾在此任职，留下许多佳话和轶事。欧阳修最后定居、终老于颍州西湖之畔；苏轼为颍州西湖留下两句非常响亮的"广告词"："西湖虽小亦西子，萦流作态清而丰。"颍州西湖最值得逛的就是兰园和怡园了。兰园三面临水，舍宇高低相间，院内怪石嶙峋，景色独特鲜明。怡园里有假山和湖，可以投喂湖里的金鱼，还有茶室可以进去歇歇脚、下五子棋。景区里有租赁汉服的地点，可以在园内拍汉服照片。在玉楼渡（南码头）、木兰渡（北码头）能租借各式游船在湖中荡漾，观湖景、享微风，好不惬意。如果你喜欢看日落，那要去水云清州，那里是观湖最佳点，日落时分平湖夕照，美不胜收。

门票： 免费
营业时间： 9:30—17:30（17:00停止入场）
微信公众号： 颍州西湖景区

亳州市 0558

◆ 曹操运兵道   见11页地图

亳州，古代叫"谯城"，是皖西北拥有3700多年历史的古城，也是曹操出生地。在亳州，有个被赞誉为"地下长城"的地方——曹操运兵道，它以大隅首为中心，向四面延

三国时期的安徽人

"一部三国史，半部安徽史"，这句话听起来颇有一种自豪的意味，可见安徽在三国历史中的重要地位。

安徽地处长江流域和黄河流域之间，是连接南北的重要通道，在三国时期，各阵营之间频繁往来，就是充分利用了安徽这个地理优势。论军事驻防功能，安徽以平原、丘陵和低山为主的地形地貌也为三国战场提供了很大的便利，如合肥、寿县等地都曾多次成为大型战役的战场。

从曹魏到孙吴，再到蜀汉，安徽人与这些阵营的紧密联系，使得三国时期的历史呈现出浓烈的地域色彩。曹魏阵营的安徽人最多，曹操就是安徽亳州人，他的亲属自然也是安徽人。孙吴阵营中最厉害的五大都督，就有三个是安徽人，分别是庐江的周瑜、定远的鲁肃、阜南的吕蒙。并且，被后人熟知的三国时期美女"江东二乔"也来自安徽潜山县，分别嫁给了孙策和周瑜。

伸，通达城外。曹操运兵道包括谯望楼和古地道两个部分，整个地道经纬交织，布局巧妙，结构复杂，规模宏伟。已发现的地道长8000余米，远远超过地上古迹的价值，如今仅仅开发了几百米，但已令人叹为观止。"兵者，诡道也"，曹操曾利用这个地下堡垒让部队突然出现在敌人面前，打得敌人措手不及。目前景区开发出一条空间交错的环形地道，游人可入内一探猫耳洞与通气孔等玄机，通道的出入口都在新建的建安文学馆内。

门票：免费
营业时间：9:30—17:30（17:00停止入场）
微信公众号：颍州西湖景区

◆ 花戏楼　　见11页地图

山陕商人建造的花戏楼是亳州的象征，他们借徽州匠人的砖雕手艺来雕刻北方民间艺术热衷的历史故事主题，展现了亳州南北交融之要冲的地位。由于寺庙山门琉璃瓦顶五彩缤纷，戏台木雕惊喜夺目，民间便给了它"花戏楼"的爱称。近代以来，久经水患与兵燹的黄淮地区能够保留下这么一座堪称精致的古建筑，是难上加难的事情，这也让花戏楼关帝庙的中原宝藏地位不可撼动。大殿前的戏台上有《三国演义》七十二回的故事，每一幅都细腻精美，值得细细地欣赏。景区门口张贴着演出时间表，可以根据时间和兴趣自行观赏。

门票：免费
营业时间：9:30—17:30（17:00停止入场）

◆ 南京巷钱庄　　见11页地图

亳州地理位置优越，四通八达，再加上有着"华佗故乡"的美名，药材生意非常发达，明清山陕商人下广州贩运药材时在此集散经停，便形成钱庄。南京巷钱庄是北关街巷中的一处著名景点，始建于1825年，这里曾是清代山西平遥的日升昌票号在安徽设立的分号之一。钱庄共有前厅、中厅、三厅、信房、账房、掌柜房、金库、财神堂等30多间，信房管人事，中厅用来接待，账房负责银钱出纳，机构一应俱全，分工明确。主体建筑是一座三进四合院，共有三道院子、八道门，寓意八方来财。这八道门是前门最大，越往后越小，成倒斗状，寓意日进斗金。还有一条引水渠，寓意财源广进似流水。天井院式的建筑是典型的徽派商铺风格，下雨的时候雨水从四边的房檐流下，意为"四季来财""肥水不流外人田"。掌柜房的摆设也很讲究，厅台上有四个瓶子、一个镜子，寓意平平静静、四平八稳。

门票：10元
营业时间：8:00—17:30

食宿推荐

🍜 **当地美食**

淮北市	口子窖酒、黄里石榴、临涣烧饼
宿州市	砀山酥梨、符离烧鸡、萧县葡萄
蚌埠市	怀远石榴、沱湖螃蟹
滁州市	琅琊酥糖、洪武豆腐、雷官板鸭
淮南市	八公山豆腐、牛肉汤
阜阳市	格拉条、咸鸭蛋、太和板面、太和贡椿
亳州市	古井贡酒、亳白芍

🛏 **热门住宿地**

宿州市	宿州万达广场、宿州站、萧县大同街
凤阳县	安徽科技学院
寿县	寿县古城
阜阳市	颍州万达广场、阜阳西站

▼ 花戏楼

安徽中西部之旅

滁州市 ➡ 合肥市 ➡ 六安市 ➡ 安庆市

里程：816公里
天数：6天
驾驶难度：★★★☆☆
新能源车友好度：★★☆☆☆

　　这条线路贯穿安徽省的中部和西部，从吴风楚韵、气贯淮扬的滁州市出发，前往琅琊山，感受文人风韵。接着向西到达中部省会合肥市，看看三国故地、包拯故乡，再安排一天的环巢湖线路。之后继续向西到达皖西地区，这里坐落着大别山双雄——六安市和安庆市。在六安的博物馆了解皖西文化和"非遗"魅力，在幽深的大别山区游览高峻的白马尖与天堂寨，亲密接触华东最后的原始森林，呼吸富含负氧离子的清新空气。最后前往安庆市，位于此处的天柱山作为安徽省三大名山之一，以雄奇、灵秀著称，在此饱览奇峰异石、云海翻腾，仿佛置身仙境。

行程安排

第1天 ① 滁州市 ➡ ② 合肥市　133公里
参观滁州市南谯区的**滁州博物馆**后，前往琅琊区的**琅琊山**，寻访欧阳修笔下的醉翁亭。游览完毕后沿沪陕高速、合肥绕城高速行驶至合肥市。夜宿合肥市。

第2天 ② 合肥市
游览合肥市蜀山区的**安徽博物院（新馆）**，包河区的**安徽名人馆**、**包公园**，庐阳区的**李鸿章故居**。夜宿合肥市。

第3天 ② 合肥市 ➡ ③ 三河古镇　44公里
　　　　③ 三河古镇 ➡ ④ 巢湖市　88公里

④ 巢湖市 ➡ ⑤ 六安市　170公里
从合肥市出发沿京台高速、合铜公路行驶至肥西县的**三河古镇**，游览完毕后沿环巢湖大道、G346前往巢湖市的**巢湖半汤温泉**，环湖路线上会经过巢湖姥山岛景区、马尾河湿地公园等景区，可以停留游览。享受温泉后沿芜合高速、合肥绕城高速前往六安市，沿途观赏巢湖湿地，夜宿六安市。此日行程线路为环湖线路。

第4天 ⑤ 六安市 ➡ ⑥ 天堂寨　177公里
游览六安市金安区的**皋城双塔**、**皖西博物**

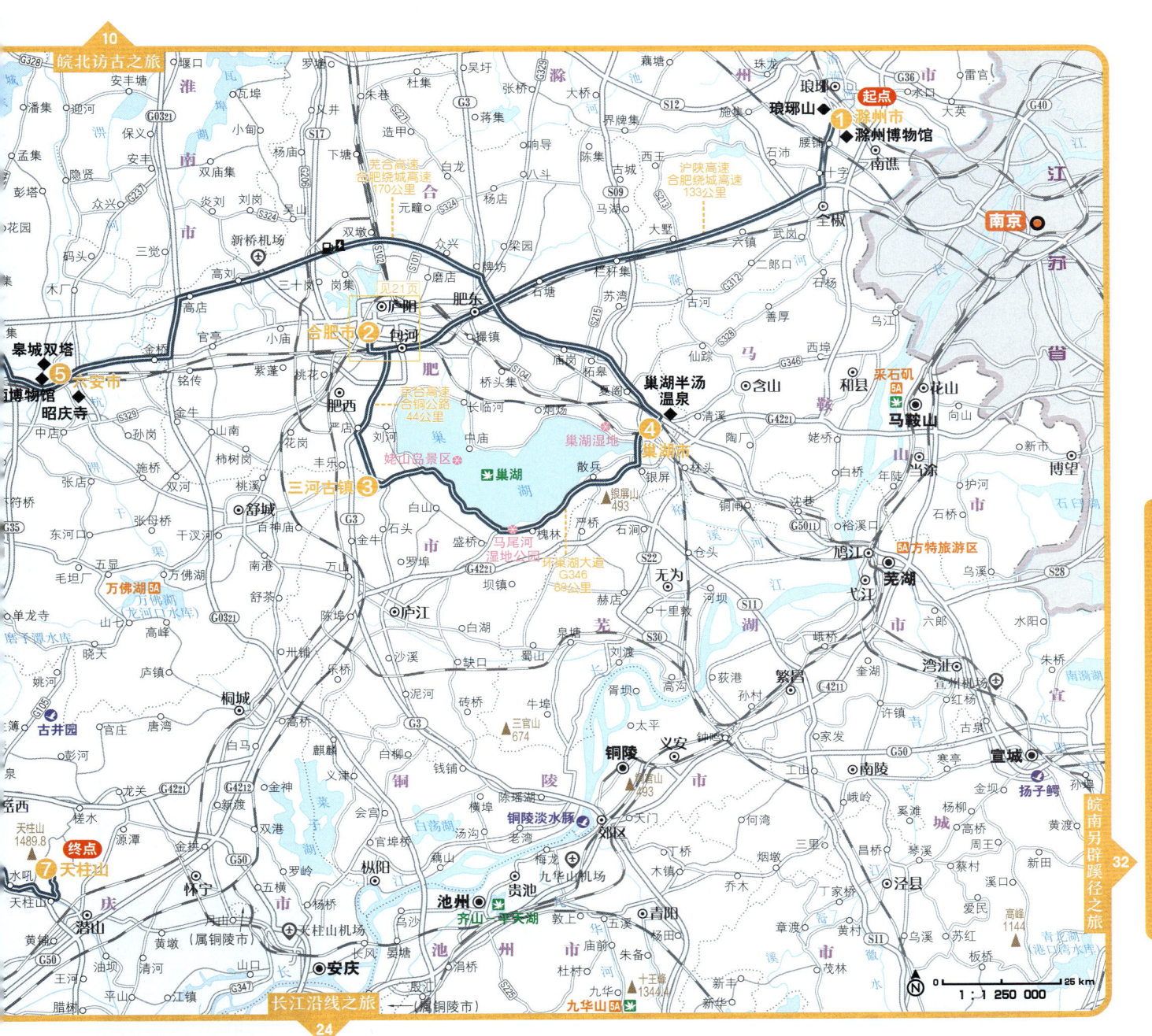

馆、**昭庆寺**，之后沿沪蓉高速、G346行驶至金寨县的**天堂寨**，游览白马峰景区，夜宿景区附近。

第5天 ⑥ 天堂寨 ➡ ⑦ 天柱山　**204公里**

游览天堂寨的瀑布群景区，沿S204、沪武高速行驶至安庆市潜山市的天柱山，夜宿景区附近。

第6天 ⑦ 天柱山

游览**天柱山**，可以选择西关景区线路和东关景区线路。欣赏完奇特的景观，在身心都得到放松中结束行程。

▼ 天柱山

途中亮点

滁州市 0550

◆ **滁州博物馆** 见19页地图

融历史与自然于一体的滁州博物馆就坐落于城南新区。这是皖东最大的综合性博物馆，由"襟江带淮名山秀水——滁州自然风物陈列"和"风云江淮诗咏琅琊——滁州历史文化陈列"两个基本陈列组成。前者展览内容包括缘起淮水、涂中初兴、气越淮扬、开天首郡、近世风云五个部分，后者包括岩溶地貌、古老的火山、丹霞胜境、湿地天堂、草场与牧区、走进森林、地下宝藏与古生物遗迹七个部分。展品亮点包括题有《醉翁亭记》全文的青花将军罐，新石器侯家寨遗址出土的陶器和石器，先秦淮夷方国的青铜与陶器，以及汉墓出土的铜镜和画像石及唐寿州窑黄釉瓷枕等。

门票： 免费
营业时间： 周二至周日 9:00—16:30，周一闭馆（国家法定假日除外）
微信公众号： 滁州博物馆

◆ **琅琊山** 见19页地图

琅琊山因东晋元帝司马睿封号而得名，以山水之美著称于世，这里有古清流关、唐代琅琊寺、宋代醉翁亭、丰乐亭、唐代画圣吴道子刻绘的观音像等景观。宋朝以后，历代的文人墨客、达官显贵前来访古探幽，吟诗作赋，造就了琅琊山历史名山的地位。高耸入云的杉树、古老神秘的银杏，如巨人一般。景区内可乘坐电瓶车，也可以步行，游览路线建议为北门游客中心—野芳园—醉翁亭—同乐园—深秀湖—琅琊古寺—南天门，或者反向游览。琅琊寺后山还有一些历代摩崖石刻和碑刻可看。景区需要预约，值得注意的是，去导游台背诵《醉翁亭记》可免醉翁亭、同乐园、琅琊古寺、南天门四个景点的门票。

门票： 醉翁亭40元、同乐园5元、琅琊寺10元、南天门15元
营业时间： 7:30—17:30
微信公众号： 琅琊山景区

合肥市 0551

◆ **安徽博物院（新馆）** 见21页地图

新馆位于合肥市怀宁路87号，老馆位于合肥市安庆路268号。安徽博物院（新馆）作为国家一级博物馆，面积巨大，共分为五层，可看的亮点也很多。博物馆入口就是二层，展现了安徽史前文明，远古时代的建筑、工具、饰品等，不定期有特展陈列。三层展示从先秦到近代的安徽文明史，青铜器展品众多，著名的铸客大鼎和被戏称为Wi-Fi无线柱的云纹铜五柱器就在这里。四层为徽州古建筑，博物馆把徽州建筑的马头墙、天井、徽州三雕等完整地呈现在馆中，而精妙之处在于展示了建筑内部难得一见的榫卯结构。五层是安徽省的文房四宝展馆，展品有宣笔、徽墨、宣纸、徽砚，陈列中还设有互动区，观众可尝试造纸制墨等工艺实践活动，体验制作文房四宝的雅趣。

门票： 免费
营业时间： 周二至周日 9:00—17:00，周一闭馆
微信公众号： 安徽博物院

◆ **安徽名人馆** 见21页地图

安徽名人馆是国内目前规模最大的名人专题类博物馆，让游客沉浸式追星。场馆占地面积6.5万平方米，展陈面积9000平方米。展馆以史为纲，以时为序，分为八大展厅，包括文明曙光中的先祖（远古—先秦）、智慧星空中的先知（秦汉—南北朝）、文化繁荣时先贤（隋唐—宋元）、巩固金瓯中的先驱（明朝）、学派林立时的先进（清朝）、变革中探索的先导（晚清—民国）、烽火中前行的先锋（民国—新中国）、艺苑奇葩中的先伶（清朝—新中国），重点展出了庄子、华佗、曹操、姜子牙、戚继光、花木兰、陈独秀等95组共计120位安徽历史名人。值得一提的是，在窗口换纸质票的同时还会得到一张渡江战役纪念馆

▼ 琅琊山的醉翁亭

的门票，有时间也可前往参观。

门票： 免费

营业时间： 周二至周日 9:00—17:00，周一闭馆（国家法定假日除外）

微信公众号： 安徽名人馆

◆ **包公园**　　　　　　　见本页地图

"包青天"是中国清正廉明文化的代表，而包公文化最深厚的地方除了河南开封，就属安徽合肥了。这两座城市都建有包公祠，都是国家4A级景区，开封为包拯工作的地方，合肥则是他的出生地和家族墓地所在。包公园是合肥不容错过的地标景区，包括包公墓、包公祠、清风阁、浮庄。包公墓是包拯及其夫人、子孙遗骨所葬之地，占地3公顷，是国内一座比较完整的古代名臣墓园。包公祠是包拯幼年读书的地方，祠内由正殿、东西两厢房、廉泉井、流芳亭、回澜轩、包公故事蜡像馆及大片的碧水和园林组成。正殿端坐八尺高的包公塑像，王朝、马汉、张龙、赵虎侍立两旁，并置有根据电视剧《包青天》里广为人知的砍头铡刀而复制的龙头、虎头、狗头三铡。清风阁东连包公墓，西邻包公祠，是一座明五暗四共九层的仿宋塔式阁楼，从阁顶可俯瞰合肥城市风光及整个包公园的秀丽景色。浮庄坐落在包河东大岛上，因其远观如一片柳叶浮于水面之上，又因岛上建筑类似古代村庄，故名浮庄。岛内建筑博采苏、扬、徽派园林艺术的精华，依水就势而成，体现了江南园林与徽派建筑的艺术特色。

门票： 免费

营业时间： 夏令时 9:00—18:00，冬令时 9:00—17:30

微信公众号： 合肥包公园

◆ **李鸿章故居**　　　　　见本页地图

和包拯一样，清末重臣李鸿章也是合肥老乡。李鸿章故居始建于清光绪年间，是具有代表性的晚清江淮民居建筑，布局整齐，雕梁画栋，此陈列馆也是国内唯一以李鸿章和淮军文化为主题的专题性博物馆。李氏兄弟六人聚族而居，家族住宅占据了合肥繁华的淮河路中段半边街，时称"李府半爿街"，现存仅为其中的一部分。故居由南向北依次分为大门、前厅、中厅（福寿堂）、走马楼（小姐楼），建筑风格古朴典雅。中厅是整体建筑中规格最高的部分，走马楼为上下两层回字形木雕楼，造型精致，融合了南北建筑风格，

安徽省

▲ 三河古镇

内部木雕技法流畅，堪称安徽省北派木雕的上乘之作。故居现陈列有"近代洋务自强之路——晚清重臣李鸿章""李鸿章墨宝""李鸿章与招商局"及"淮军与近代国防"等展览，通过大量的珍贵图片与实物，介绍李鸿章"少年科举，壮年戎马，中年封疆，晚年洋务"的一生。需要注意的是，李鸿章享堂与曾经的陵墓并不在此处，而在合肥的东郊。

门票：20元

营业时间：9:00—17:00，周一闭馆

微信公众号：李鸿章故居

◆ **三河古镇** 见19页地图

作为合肥市的后花园，三河古镇位于市区西南部，是合肥唯一的5A级景区。它因丰乐河、杭埠河与小南河在此交汇而得名，自古水陆通衢，车船辐辏，百货交通，商贾云集，甚是繁荣。三河以水乡古镇为特色，让这座皖北小镇多了点江南水乡的灵气，如今遗留的建筑大都是明清时期的，古巷、古街、古桥、古城墙、古庙、古炮台、古民宅、古茶楼形成了江淮地区独有的八古奇观。古镇上有许多对外开放的名人故居，比如杨振宁旧居、孙立人故居、董寅初纪念馆等。走进三河，观赏的是小桥和流水，感受的是历史和文化。三河古镇中依然住着很多本地居民，每家民宅上写着各自的姓氏，人们在门口择菜，和邻居聊天，商业味道和难得的生活气息和谐相融。

门票：古镇免费，部分人文景点单独售票（10—30元），另有四联票（50元）、六联票（90元）和九联票（120元）三种优惠套票可选。

营业时间：古镇全天开放，人文景点开放时间均为8:00—17:30。

微信公众号：三河古镇旅游

◆ **巢湖半汤温泉** 见19页地图

半汤温泉位于巢湖市区东北部约8公里的半汤街道。这里气候温和、依山傍水、风景秀丽，为人类始祖之一有巢氏的发源地，历史文化底蕴深厚，从隋唐时期起就是有名的汤泉。其独特的魅力在于此温泉是由一热一冷两大温泉汇聚而成，冷热各半，十分神奇，因而被称为"半汤温泉"。半汤温泉水温达55—62℃，富含钙、镁、钠、钾等多种元素，具有很高的医疗价值，从而形成了全国著名的有保健、治疗作用的温泉。现在主街汤山路两旁有数家温泉浴场，推荐深业半汤御泉庄，这里有鱼疗、药浴、私汤、露天汤等，附近的元帅楼是朱德曾经下榻疗养的地方。在行程中，泡个温泉放松一下，对身心都大有裨益。

门票：各个温泉酒店单独收费，请提前咨询

营业时间：各个温泉酒店营业时间不同，请提前咨询

六安市 0564

◆ **皋城双塔** 见19页地图

在六安市老市区的南北两侧，矗立着两座经过千载风雨的古塔，素有"双塔摩青"美誉。提起"双塔"，老人们就津津乐道：六安是个"船"地，古城是一只大船，南北两座宝塔，就如"船"的两根桅杆，"水涨船高"，六安城虽然紧靠老淠河，但从未被淹过。据《六安州志》记载，北塔传由唐朝尉迟恭监造，最初为药师塔，塔颠为盗贼所损毁；南塔最早是唐朝僧人元通化缘而造的浮屠寺塔。北塔又名多宝庵塔，矗立在已修葺一新的多宝庵内，通高26.9米的圆锥形

安徽省 23

食宿推荐

当地美食

滁州市　琅琊酥糖、洪武豆腐、雷官板鸭
合肥市　合肥烘糕、长丰草莓、庐州烤鸭、三河米饺
六安市　金寨猕猴桃、霍山石斛
安庆市　怀宁贡糕、岳西黑猪、老母鸡汤泡炒米

热门住宿地

合肥市　淮河路步行街、合肥南站
六安市　六安火车站、六安市政府
天堂寨　天堂寨景区内、景区入口广场
天柱山　天柱山游客中心附近、大龙窝游客中心附近

▲ 天堂寨

塔身古朴雄浑,外观9层,内部实为7层。南塔又名观音寺塔,塔身共9级,高28.3米,和北塔一样是六角形阁式造型,但砖雕、花窗、彩瓷佛像和瓷匾的点缀,让它显得更为富丽。北塔与南塔相距约2公里。

门票:免费
营业时间:全天开放

◆ **皖西博物馆**　见19页地图

皖西博物馆的亮点在于新石器时代以来的各时期文物,尤以铜器类藏品居多,其中镇馆之宝为商龙凤兽面纹铜尊,其商代南方风格青铜大口圆尊的基本器形和纹饰,与中原商代中期和殷墟早中期的大口尊相近,体现出中原商文化的影响力。馆内还有2006年轰动海内外的"双墩一号"西汉墓出土的错金银铜壶群和仿制棺椁,让人大饱眼福。此外,皖西博物馆还有六安地区非物质文化遗产皖西庐剧的相关展品,并展示了六安瓜片、霍山黄芽、舒城小兰花等六安茶的制作工艺。

门票:免费
营业时间:9:00—17:00,周一闭馆
微信公众号:皖西博物馆

◆ **昭庆寺**　见19页地图

昭庆寺始建于唐朝贞观年间,是太宗皇帝李世民亲诏敕建的我国四大昭庆古寺之一,也是其中仅存的皇家寺庙,唐三藏法师玄奘曾亲临于此,讲经说法。寺庙匾额初为唐代著名书法家欧阳询手书,后由中国佛教协会原会长赵朴初重书。昭庆寺建寺1300多年来,几经战火,先后经过9次重修,如今它广泛吸收了唐、宋、明、清等多朝的佛教文化元素,融合各朝各代佛寺的建筑风格。古刹内,古树、古石、古井、古碑、古铸、古绘、古雕等都具有重要的考古价值。每年农历二月十九和九月十九是昭庆寺的香火庙会,场面非常热闹。

门票:免费
营业时间:全天开放

◆ **天堂寨**　见18页地图

天堂寨位于金寨县的西南部,被称为华东最后一片原始森林。景区内千米以上的高峰有25座,主峰天堂寨海拔1729.13米,为大别山主峰之一。这里有着珍稀植物、独特的瀑布和山石景观,空气清新怡人。瀑布群景区和白马峰景区尤其值得一看,瀑布群的招牌是五座常年不断流的大瀑布,白马峰的主要活动是徒步白马峰栈道和徒步白马大峡谷。除了引人入胜的自然景致,这里也有着跌宕起伏的历史,从吴楚江淮之战,到红巾军反元、太平天国对垒清军,再到刘邓大军千里挺进大别山——来这里接受一次爱国主义教育也是很好的选择。

门票:瀑布群景区、白马峰景区联票100元,48小时有效,游览车28元
营业时间:夏季7:00—19:00,冬季8:00—17:30
微信公众号:安徽天堂寨风景区

安庆市　0556

◆ **天柱山**　见19页地图

天柱山位于长江北岸,主峰海拔将近1500米,酷似"擎天一柱",因此得名天柱山,名列安徽省三大名山之一,有"天柱归来不看峰"的说法。景区内除了奇峰、怪石、幽洞、峡谷等自然景观,还留存着出自李白、白居易、苏轼、王安石等文人墨客之手的摩崖碑刻。天柱山鹊桥,传说是七夕节牛郎和织女的相会之地,曾经的热播剧《天仙配》就是在这里拍摄的。天柱山不但是七仙女的故乡,也是第一篇长篇叙事诗《孔雀东南飞》的发生地。景区有西关和东关两条攀登线路:西关景区看点多,设施完善,是游人常走的大众路线,而东关景区的山路较险,独自攀登可能存在一定的风险,建议根据自己的情况谨慎选择。

门票:旺季130元,淡季110元
营业时间:7:00—17:00
微信公众号:安徽天柱山景区

安徽中西部之旅

长江沿线之旅

3

里程：424 公里
天数：6 天
驾驶难度：★★☆☆☆
新能源车友好度：★★★☆☆

马鞍山市 ➡ 芜湖市 ➡ 铜陵市 ➡ 池州市 ➡ 安庆市 ➡ 池州市

八百里长江横贯安徽，沿岸的马鞍山、芜湖、铜陵、池州与安庆各具特色。此条线路便是沿安徽省的长江逆流而上，一一领略五座城市的风光。从最东部的马鞍山市开始行程，采石矶是诗仙李白一生魂牵梦萦的钟情之所，他数度登临矶上觞咏怀古，相距不远的当涂县正是他的长眠地。长江下游良港芜湖曾在清末开埠通商，遗留下来的西洋风情与历史建筑完美融合。铜陵市的铜文化源远流长，可在博物馆里一饱眼福；长江口的大通古镇也值得细品，对岸和悦洲的珍稀江豚会让你正视人与自然的关系。池州市除了远近闻名的佛教名山九华山，还有比较小众的博物馆、古镇和古寨，更有观鸟胜地升金湖。最后来到黄梅戏的故乡安庆市，走街串巷去找寻名人故居和老城故事，为长江沿线游画上完美句号。

行程安排

第1天 ① 马鞍山市

游览雨山区的**采石矶**、**马鞍山市博物馆**和**朱然家族墓地博物馆**，感受钢城与诗城的特色。夜宿马鞍山市。

第2天 ① 马鞍山市 ➡ ② 芜湖市　48公里

从马鞍山市出发，沿宁芜高速、万春中路前往芜湖市，中途可游览当涂县的**李太白墓**。抵达芜湖市后，游览镜湖区的**芜湖古城**、**滨江公园**、**雨耕山历史建筑群**。夜宿芜湖市。

第3天 ② 芜湖市 ➡ ③ 铜陵市　92公里
③ 铜陵市 ➡ ④ 大通古镇　20公里
④ 大通古镇 ➡ ⑤ 九华山　49公里

从芜湖市出发，沿宁芜高速、沪渝高速行驶至铜陵市，游览铜官区的**铜陵博物馆**，然后沿滨江大道、S221行驶至郊区的**大通古镇**，在这个原生态的江边古镇怀旧一番后，再坐船去对面的铜陵淡水豚保护区观赏并投喂江豚。游览完毕后沿京台高速、上聂线行驶至池州市青阳县的**九华山**，为登山做准备。夜宿景区附近。

第4天 ⑤ 九华山

游览**九华山**，夜宿景区附近。

第5天 ⑤ 九华山 ➡ ⑥ 池州市　45公里
⑥ 池州市 ➡ ⑦ 安庆市　69公里

沿S228、上聂线行驶至池州市，游览贵池区的**秀山门博物馆**后，沿九华山大道、沪渝高速行驶至安庆市。游览迎江区的**安庆博物馆（中国黄梅戏博物馆）**、**迎江寺**、**世太史第（赵朴初故居）**和大观区的**菱湖公园**，可参考漫步线路串联游览。夜宿安庆市。

第6天 ⑦ 安庆市 ➡ ⑧ 升金湖　38公里
⑧ 升金湖 ➡ ⑨ 东流古镇　13公里
⑨ 东流古镇 ➡ ⑩ 南溪古寨　50公里

早起可以去宿松县的小孤山隔江眺望庐山。这里更推荐沿沪渝高速、威汕线到池州市东至县的**升金湖**观鸟。之后，沿威汕线、泉东路到达**东流古镇**看长江"东流"。最后沿威汕线、安东高速至**南溪古寨**看原始村落，在此结束长江沿线之旅。

长江沿线之旅

途中亮点

马鞍山市 0555

◆采石矶　　　　　　　见本页地图

"矶"意为露出水面的岩石或石滩。采石矶位于长江边的翠螺山脚下，自古为江南名胜、长江重要津渡，与湖南岳阳的城陵矶、南京的燕子矶合称为"长江三矶"，且因横江绝壁、山势险峻被誉为三大名矶之首。采石矶也是江防重镇，自东汉以来，这里发生过数十次著名的战争。这里风光秀丽，人杰地灵，历史文化底蕴丰厚，是唐代大诗人李白的终老之地，也是蒙学经典《千字文》的诞生之地。如今，大大小小的景点散布在山间和江边，天气晴好时慢慢游逛颇为宜人。别错过山顶的三台阁，在这里可登高远眺大江东去。

门票： 68元

营业时间： 5月至10月 8:30—17:30（最晚入园17:00），11月至次年4月8:30—17:00（最晚入园16:00）

微信公众号： 采石风景名胜区

◆马鞍山市博物馆　　　　见本页地图

马鞍山市博物馆的新馆于2008年对外开放，近年重新布展，共有三层楼六个展馆。一楼展厅内有镇馆之宝商代青铜勾连云纹大铙，它气势恢宏，凝重庄严，除外壁布满纹饰外，腔内也刻满规律的勾连卷云纹饰，是我国目前发现的唯一一件内外满饰的青铜大铙，与中原青铜铙在功能、性质、形制和工艺上有着较大的差别。二楼"六朝京畿"展厅内陈列着朱然家族墓出土的部分陪葬品。三楼的"现代文明"展厅里有一些关于马鞍山钢铁工业有趣的图文资料，有助于了解我国的工业史。

门票： 免费

营业时间： 9:00—17:00（16:00停止入场），周一闭馆

微信公众号： 马鞍山市博物馆

◆朱然家族墓地博物馆　　见本页地图

朱然是三国时期东吴功勋卓著的一员武

将、擒关羽、败刘备都与他相关，他也是所知三国墓葬考古中唯一可与《三国志》相印证的重要历史人物。朱然墓发掘于1984年，是长江中下游地区已发掘东吴墓葬中墓主身份最明确、级别最高的墓葬，墓体在历经1700余年的沧桑巨变后，依旧安然无恙。出土漆器上的绘画作品充分展现出汉末到六朝时期漆器工艺的神韵和精彩，填补了三国时期美术实物资料的空白，是20世纪80年代初期中国十大考古收获之一。在这里不仅可以看到木刺、木屐、犀皮羽觞、季扎挂剑图漆盘、青瓷羊等精品文物，还可以充分了解三国文化。

门票： 免费
营业时间： 旺季9:00—17:00，淡季9:00—16:30，周一闭馆
微信公众号： 马鞍山市三国朱然家族墓地博物馆

◆李太白墓　　见25页地图

李太白墓位于马鞍山市当涂县太白镇太白行政村谷家自然村旁。唐宝应元年（762年），李白来当涂投靠县令李阳冰，而后病故，初葬于龙山。元和十二年（817年）正月，宣歙池观察使范传正据李白生前"志在青山"的遗愿，会同当涂县令诸葛纵迁坟于此。一般认为，这里的李白墓为真身冢，自唐迄今，历经13次修葺。墓前原有祠，1938年毁于日军炮火中，墓亦坍塌。中华人民共和国成立后，政府对李白墓采取保护措施，改革开放以来，恢复建设太白祠，进一步对李白墓园进行扩建，如今分前、中、后三个景区，有牌坊、太白碑林、眺青阁、太白祠、李白墓、十咏亭、青莲书院、盆景园等景点，太白碑林和李白墓冢两个景点为景区核心景点。

门票： 30元
营业时间： 夏季8:00—17:30，冬季8:00—17:00

芜湖市　0553

◆芜湖古城　　见25页地图

芜湖古城位于长江和青弋江的交汇处，最早建设时间可追溯到公元前109年，后几经战毁。虽现存古城为近些年重修而成的，但仍有衙署、城隍庙、文庙、能仁寺、模范监狱等多处历史建筑相对完好地保存了下来。近年来，又在此前的基础上开发了张恨水故居遗址、钟家庆故居、汪道涵故居等多处有着浓厚文化底蕴的景点。如今，历史遗留下来的芜湖古城部分巷道仍保持着明清时期的整体格局。长虹门城楼可免费登临，夜晚俯瞰古城，古景配霓虹，历史文化与现代气息在眼前碰撞。

门票： 免费
营业时间： 全天

◆滨江公园　　见25页地图

这是一座开放式的大公园，从北边的原芜湖一米厂到南边的青弋江入口，依次由旅游客运码头、海关公园、滨江特色商业走廊、吉和广场、中江塔公园组成，总长约2.5公里。公园所在区域基本都位于曾经的租界内，如今还能找到两座与开埠相关的历史建筑。一是位于太古路与海关路交叉口的二层红砖房太古轮船公司旧址，另一处是公园中心广场一旁的芜湖海关旧址。中江塔公园也是园内一大景观，这里有栈桥、流水，更有芜湖市两座标志性的塔——中江塔和临江塔。中江塔历史悠久，担负着风水塔以及导航灯塔的两重职能。"鱼"形的临江塔是现代芜湖的象征，同样屹立在青弋江岸边。

门票： 免费
营业时间： 全天

◆雨耕山历史建筑群　　见25页地图

历史上，雨耕山是芜湖的商业中心，芜湖开埠后，英国曾在长江边范罗山和雨耕山一带的租界内设置领事馆。这里保留了许多

▼滨江公园内的中江塔和临江塔

具有历史价值的建筑和文化遗产，如英国领事官邸旧址、天主教堂、芜湖内思高级工业职业学校旧址等。这些建筑历经100多年的风风雨雨，见证了芜湖的发展和变迁，是人们了解芜湖历史的重要窗口。如今，这里已成为一个集红酒文化、美食、酒吧等为一体的综合性文化创意产业园，也是芜湖市的一张重要名片。

门票： 免费
营业时间： 全天

铜陵市　0562

◆铜陵博物馆　　见25页地图

铜陵的名字即揭示了这里从先秦至今的主要产业——铜矿冶炼。铜陵博物馆以铜文化为展览主题，全方位展示铜陵这座皖江边的重工业城市在中国青铜文明史中的地位、铜文化发展，以及铜产业兴盛与未来。进馆即二楼，可以在陶瓷精品展厅内看到一些历代名窑陶瓷，比如铜陵地区的顺安窑。三楼的铜文化展是精华，分为"沧海巨变 铜脉溯源""绵延千年 矿冶遗存""铜都瑰宝 青铜遗珍""吴楚争霸 鹊江烽火""汉设铜官 丹阳善铜""现代铜都 展望未来"六个部分，再现了古铜都铜陵3000多年的采冶铸历史和文化遗韵，以丰富的历史文物、全新的展示方式、先进的科技手段，全面生动地展现了铜陵悠久的青铜文

安徽省　27

明历史。看完四楼的铜工艺精品展，你就会知道，如今这里的铜业仍然蓬勃。

门票：免费
营业时间：9:00—16:30，周一闭馆
微信公众号：铜陵市博物馆

◆**大通古镇**　　　　见25页地图

大通古镇毗邻长江，因其夹江水道和江心洲的地理优势，在过去成为商船补给及货物转运的水路客货栈集散地，如今繁华褪去，这里成为漫步之地。主街澜溪老街是典型的皖南传统商业街，现存的青砖马头墙商铺建筑多为清末和民国时期留下的。而和悦洲上的和悦老街则更多地保留了民居的原始状态。大通的另一个旅游关键词是江豚，从大通古镇码头坐免费的摆渡船到江对岸的铜陵淡水豚保护区，就可以邂逅濒危的江豚。要注意的是，看江豚投喂需要在固定时间到达，分别为10:00、12:00、14:00、16:00。

门票：古镇免费，淡水豚保护区20元
营业时间：古镇全天，淡水豚保护区9:00—17:00
微信公众号：铜陵大通古镇风景区

池州市　0566

◆**九华山**　　　　见25页地图
九华山是中国佛教四大名山之一，以地藏

▲ 九华山

▼ 滨江公园内的芜湖海关旧址

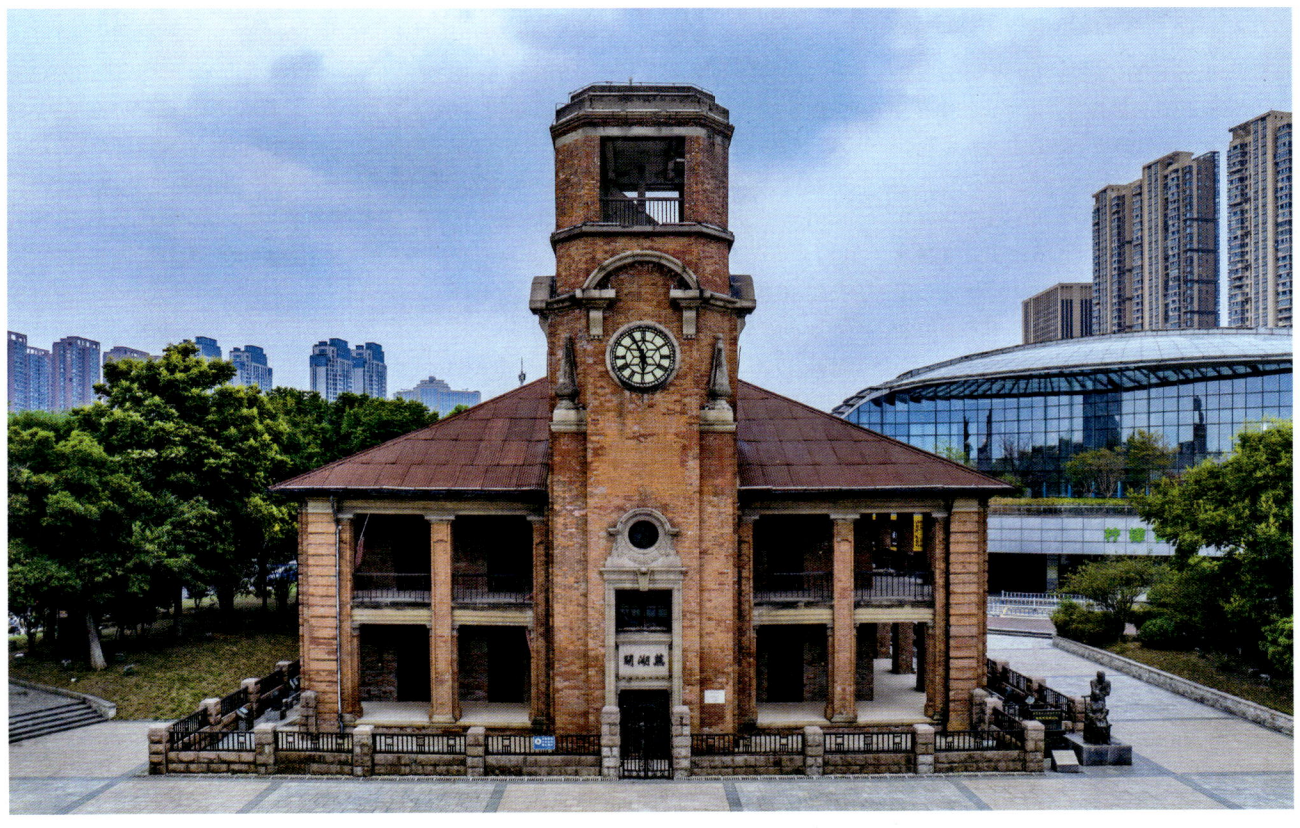

长江沿线之旅

安庆城区

菩萨道场驰名天下。晋唐以来，陶渊明、李白、费冠卿、杜牧、苏东坡、王安石等文坛大儒游历于此，留下一首首千古绝唱。九华山高僧辈出，现有5尊"肉身菩萨"可供观瞻，其中1999年1月发现的仁义师太肉身是世界上唯一的比丘尼肉身。在气候常年湿润的自然条件下，肉身不腐已成为生命科学之谜，更为九华山增添了一分庄严神秘的色彩。

在景区内，从售票处到九华街的13公里称为山前景区；九华街景区是九华山的中心，食宿集中在此，围绕九华街的山头是寺院最为密集的区域；天台和花台并列在九华街景区的东侧，但相隔一个山头，分别是两个观景制高点；在天台和九华街之间有一片谷地，被称作闵园，以凤凰松为地标，是一片竹林密布的尼庵区。各景点之间互通山路，也可借助景区交通。

门票： 旺季（1月16日至11月14日）160元，淡季（11月15日至次年1月15日）140元，法定节假日间执行旺季价；景区交通5—50元

营业时间： 全天

微信公众号： 九华山旅游

◆秀山门博物馆   见25页地图

秀山门是池州古城的西门，宋朝池州太守王伯大为纪念梁昭明太子萧统，将当时的秋浦门易名为秀山门，一直沿用至今，在如今复建的一小段城门上仍然可以看到"秋浦门"的字样。秀山门博物馆就位于这段城墙内。这虽是一座私人创办的博物馆，但藏品的质量和数量却丝毫不输市级博物馆。这里现藏文物6620余件，其中二级文物10余件，三级文物280余件，主要陈列着木雕、石雕、砖雕等古建筑构件，以及瓷器、字画、刺绣等艺术品，集中展示了以昭明文化为特征的池州地域文化，和以徽州民间艺术为特征的民俗文化，令人大饱眼福。

门票： 88元

营业时间： 9:00—17:00，周一闭馆

微信公众号： 秀山门博物馆

安庆市   0556

◆安庆博物馆（中国黄梅戏博物馆）   见本页地图

安庆博物馆与安徽中国黄梅戏博物馆、安庆市革命文物陈列馆暨黄镇生平事迹陈列馆，三馆合一，承担着文物收藏、保护、展示、研究、抢救性考古发掘等综合职能。场馆不算很大，主要有"安庆古代文明陈列""安庆近代文明陈列""安庆城市记忆""黄梅戏艺术系列""安庆书画陈列"和"安庆钱币陈列"这六个固定陈列，以及两个临展厅。其中具有代表性的文化遗存包括新石器时代的石雕人面像、越王丌北古剑、唐鹦鹉绶带纹大铜镜、明青花瓷瓶、清邓石如隶书碑刻、太平天国铁炮、清末黄梅戏手抄唱本等。最值得逛的是黄梅戏艺术系列，不要错过精美的戏服和凤冠。

门票： 免费

营业时间： 9:00—17:00

微信公众号： 安庆博物馆

◆迎江寺   见28、30页地图

创建于北宋的迎江寺作为安庆的"名片"，数百年来，香火旺盛，名僧辈出。迎江寺大门两侧各置铁锚一个，重约3吨。人说安庆地形ócs船，塔如桅杆，若不以锚镇固，安庆城将随江水东去，故而设之。寺内建筑以天王殿、大雄宝殿、毗卢殿、藏经楼、迎江楼、慈云阁、大士阁、振风塔为主，厢房回廊，宜园典雅，形成独特的园林寺院。其中最出名的是振风塔，它是长江流域规模最大、最高的七级浮屠，享有"万里长江第一塔"和"过了安庆不说塔"之美誉。振风塔有"以振文风"之意，据说在明代以前，

守护江中"精灵"

来大通古镇观光旅游，坐落在和悦洲上的大通淡水豚保护中心值得你前来探访，在这里可以看到"水中熊猫"江豚。

据2017年长江江豚科学考察数据显示，长江流域江豚数量约为1012头，干流区数量约445头。长江江豚种群数量大幅下降的趋势得到控制，但极度濒危的状况没有改变。这和长江生物链有很大关系：白鱀豚和长江江豚处于食物链顶端，主要是以淡水鱼类为食，监测信号表明，过度捕捞和非法渔具已使长江的鱼类资源严重匮乏，白鱀豚和长江江豚也面临无处觅食的处境。

长江是世界上生物多样性最为丰富的河流之一，如果变成"无豚"之江，就预示着长江淡水生物系统遭到严重破坏，失去其生态功能，最终也将无法承载人类的生存。为了保护江豚，保护工作者通过信息中心和执法行动，加强了对非法活动的打击和监管。守护江豚的努力仍在进行中，目标是实现生物与人类的共生，保护江豚及其栖息环境。

▲ 迎江寺、振风塔

安庆没有出过状元，文风凋敝，星象风水大师认为安庆江水滔滔，文采难以扎根，自建塔之后，境内确实文风昌盛，才人辈出。该塔濒临长江，除具有佛塔的功能外，还具有导航引渡的功能。攀登上塔，随着层数升高，开阔的江面渐渐出现在眼前，登顶之后能够俯瞰全城。

门票：迎江寺10元，登振风塔10元
营业时间：8:00—17:00

◆ 世太史第
（赵朴初故居） 见28、30页地图

世太史第，因赵氏家族的赵文楷、赵畇、赵继元、赵曾重是四代直系翰林，故得其名。原有赵氏女婿、名臣李鸿章题书"四代翰林"金字悬匾，可惜原件被日军所掠，现有的为复制品。世太史第是安庆市保存较好、面积最大的一组明清古建筑群，主体建筑分东、西两轴线，东轴线四进，西轴线三进，共七进五落院，均为砖木结构。建筑风格融北方建筑的恢宏、粗犷和徽州古建的细腻、精致于一体，富有浓郁的地方特色。1907年11月5日，赵畇玄孙、全国政协原副主席、中国佛教协会会长赵朴初诞生于此。故居翔实介绍了赵朴初先生的生前事迹，主要包括他在抗战胜利后参与创建中国民主促进会，与雷洁琼、叶圣陶等人的工作情谊，以及对中国佛教事业发展的推动。故居还展示了大量赵朴初先生本人的书法作品，显示其极高的艺术造诣。

门票：免费
营业时间：9:00—17:00，周一闭馆
微信公众号：赵朴初故居

◆ 菱湖公园 见28页地图

菱湖公园属于菱湖风景区的一部分，菱湖曾是历代兵家必争的古战场，太平军三克安庆及著名的安庆保卫战都曾在这里留下痕迹。整个风景区包含菱湖公园、莲湖公园、皖江公园和文化广场四大景区，共由菱湖、莲湖、小菱湖、东湖和西湖五个湖泊组成。

菱湖公园以水取胜，碧波荡漾，渠道纵横，湖心有小岛，亭竹相映。菱湖公园内收藏着清代杰出的书法家、篆刻家邓石如的自画像自题诗和篆刻碑刻共九块，嵌入胡七姑祠内，改建为"邓石如碑馆"。在夜月亭的东北边，筑起由黄梅阁门楼、纪念堂、严凤英塑像、园林小品组成的著名黄梅戏表演艺术家严凤英的纪念馆，存展海内外四十多位著名书画家题赠的作品。公园内还有盆景园、儿童游乐园和茶社等。

门票：免费
营业时间：5:00—23:00

特别呈现

漫步安庆

起点：迎江寺
终点：菱湖公园
距离：约4公里
需时：1.5小时

从 ❶ **迎江寺** 开始，从沿江中路向西，感受万里长江的壮景后，西行至宜城路上，向北路过 ❷ **枞阳门**，进入古老的小商品市场，感受地道的江北市井生活。然后沿建设路向南回到沿江中路后继续向西，走到大南门街向北，就会看到人群簇拥的老店 ❸ **大南门牛肉包子**，不要错过这家好吃又实惠的能量补给店。继续向北，是传统中国风装饰的南关 ❹ **清真寺**。走到任家坡街上，向西来到破旧的危房 ❺ **太平天国英王府**，参观后走到巷口右拐，可以看到西洋风格的 ❻ **墨子巷邮政局大楼**，继续沿着墨子巷的石板路向东走到 ❼ **倒扒狮步行街** 上，逛一逛这条安庆最古老的步行街。一路向西走到龙门口街，便可以看到始建于明初的 ❽ **谯楼**。随后来到龙山路，向东北方向第一个巷口右转便可到达 ❾ **黄梅戏会馆**。之后一路向东，穿过人民路步行街，走进狭窄的锡麟街，从天台里街路口向西，便是 ❿ **世太史第（赵朴初故居）**。参观完后返回锡麟街，一路向北过马路右转，进入百花亭街后，向东走进入宜城路，向北过马路后，左转便到达终点 ⓫ **菱湖公园** 的南门。

▼ 菱湖公园

安徽省　31

长江沿线之旅

▲ 升金湖

池州市　0566

◆升金湖　　　　　　　　　　　见25页地图

升金湖位于池州市东至县北部，与安庆市隔江相望，G318、G206、沿江高速、京福高速、铜九铁路、南京一安庆城际铁路环湖而过，不仅交通便利，生态环境也极佳。升金湖作为亚洲重要的湿地之一，气候温和，水质优良，由上、中、下三个湖泊连成，湖内水产资源丰富，水禽资源尤为丰富，因"日产升金"之美誉而得名。升金湖是珍稀候鸟越冬栖息的理想处所，引来全国各地众多的观鸟者。据鸟类专家的观察，每年在升金湖越冬繁殖的鸟类多达十几万只，其中有中国最大的白头鹤越冬种群，占世界总数的5%；东方白鹳占世界总数的1/8。不妨自驾至此，参加难忘的观鸟活动，注意每年11月至次年1月为观鸟的最佳时机。

门票： 免费
营业时间： 全天

◆东流古镇　　　　　　　　　见25页地图

东流古镇是长江边上一个古老的小镇，它不繁华不出名，但安宁的氛围、古老的建筑，以及美食美酒，都值得你来此一游。东流镇与安庆市隔江相望，取北宋大诗人黄庭坚"沧江百折来，及此始东流"诗句中的"东流"而得名。晋代陶渊明曾隐居东流艺菊，留下了"采菊东篱下，悠然见南山"的千古名句。镇内陶公祠、秀峰塔、老街、大历山、曾国藩大营、炎帝庙、天主教堂等众多历史遗存和文南词等非物质文化遗产，承载着东流厚重的历史和文化。2019年1月，东流镇入选第七批中国历史文化名镇。如今的东流老街有大片区域保存完好，纵横交错的街巷两侧是一栋又一栋明清建造的徽派老房子，沿着老街一直走到长江边，你可以站在高高的防洪堤上看看长江"东流"。

门票： 免费
营业时间： 全天

◆南溪古寨　　　　　　　　　见25页地图

南溪古寨也叫金家村，隐藏于大自然中，长期保持着相对封闭的状态，基本完好地保存了原始样貌，村民多为匈奴后裔，被誉为"大山深处最后的匈奴部落"。村口的千年古樟下，有一座单孔石拱小桥，古朴典雅，为寨子增添了不少诗情画意。南溪古寨被九座山环抱，直到2004年才通车。村子内部道路极其复杂，据说古人是依照八卦阵法布局，以起到保护村庄的作用。代表性的老建筑有古堡楼、九龄故居、金氏宗祠等。

门票： 免费
营业时间： 全天

食宿推荐

🍜 **当地美食**

马鞍山市　金安康蘑菇宴、一品玉带糕、黄山寺皮蛋、石臼湖螃蟹
芜湖市　无为板鸭、蟹黄煎包、酥烧饼
铜陵市　顺安酥糖
池州市　大盘牛肉、臭鳜鱼、米饺、九华素饼、九华山葛粉
安庆市　怀宁贡糕、老母鸡汤泡炒米

🛏 **热门住宿地**

马鞍山市　采石矶、雨山湖
芜湖市　德盛广场、中山路步行街
九华山　九华街、柯村新区
安庆市　菱湖风景区、安庆火车站

皖南另辟蹊径之旅

宣州市：宣州区 ➡ 泾县 ➡ 旌德县 ➡ 绩溪县

里程：453公里
天数：6天
驾驶难度：★★★☆☆
新能源车友好度：★★☆☆☆

在安徽有段公路，东起宁国市的青龙乡，西至泾县的蔡村镇，精华段约120公里，被称为"皖南川藏线"。这条线路沿途层峦叠嶂，溪流纵横，既有桂林山水般的秀美，又有云南石林般的奇绝，还兼具G318的惊险。同时，被评为"全国十大最美农村路"的泾县小岭路和被评为"全国美丽乡村路"的泾县溪桃路，也是可以将沿途景点串联的优选公路。一路上，避开人潮，去看灵动的山水、村落，了解"文房四宝"的文化底蕴，欣赏低调而高超的民间手工艺，探访令人惊叹的古建、古道。不过要注意，道路风光虽美，但路况多变，需谨慎驾驶。

行程安排

第1天 ① 宣城市
游览宣州区的**宣城市博物馆**、**谢朓楼**、**敬亭山**，夜宿宣城市。

第2天 ① 宣城市 ➡ ② 水东镇老街　32公里
② 水东镇老街 ➡ ③ 青龙乡　26公里
③ 青龙乡 ➡ ④ 水墨汀溪风景区　66公里

沿S104、G329行驶至**水东镇老街**游览，之后沿宁港路、株青路前往宁国市的青龙乡，途经恩龙世界木屋村，可以停留游览。然后沿S345驶上皖南川藏线，向泾县的蔡村镇行驶，途经宁国市的青龙湾东风码头、储家滩、惠云禅寺、青龙湾景区、落羽红杉林，可以选择性停留。之后前往泾县的**水墨汀溪风景区**，途中可游览六道湾观景台，游览完水墨汀溪风景区后夜宿景区附近。

第3天 ④ 水墨汀溪风景区 ➡ ⑤ 小岭村　63公里
⑤ 小岭村 ➡ ⑥ 查济村　40公里

从泾县的水墨汀溪风景区出发，沿S208、水西路走皖南川藏线，沿途经过月亮湾风景区，感兴趣可以停留游玩，也可以直接开到蔡村镇，之后沿S208、水西路到达泾县的**小岭村**。如果时间充裕，可以造访小岭宣纸厂或者徒步九华古道。游览完毕后，沿水西路、X064行驶，途经泾县的"弃村"章渡村时，可以短暂游览，再经泾县的**厚岸村**，到达泾县的**查济村**，夜宿查济村。

第4天 ⑥ 查济村 ➡ ⑦ 桃花潭风景区　18公里
⑦ 桃花潭风景区 ➡ ⑧ 中国宣纸文化园　58公里
⑧ 中国宣纸文化园 ➡ ⑨ 黄田村　17公里
⑨ 黄田村 ➡ ⑩ 旌德县　36公里

从查济村出发，沿X037、桃潭路至李白诗中的泾县**桃花潭风景区**，游览完毕后沿S217、X095行驶至泾县的**中国宣纸文化园**，之后沿山深线、X078行驶至**黄田村**，随后沿芜黄高速、G330行驶至旌德县。夜宿旌德县。

第5天 ⑩ 旌德县 ➡ ⑪ 朱旺村　14公里
⑪ 朱旺村 ➡ ⑫ 江村　25公里
⑫ 江村 ➡ ⑬ 上庄村　38公里
⑬ 上庄村 ➡ ⑭ 绩溪县　20公里

皖南另辟蹊径之旅

游览**文庙**后，沿城西路、G330向旌德县的**朱旺村**行驶，途经蔡家桥、登瀛桥和跳仙桥这三座古桥时可以看一看。游览完"井水不犯河水"的朱旺村后，沿X080、山深线行驶至旌德县白地镇的**江村**，之后沿G205、X084、X090行驶至绩溪县的**上庄村**，这里是"明经胡"的故乡，可以参观胡开文纪念馆和胡适故居。最后沿绩谭公路、S207行驶至绩溪县。夜宿绩溪县。

第6天 ⑭ 绩溪县

参观**绩溪博物馆**和**三雕博物馆**，游览典雅别致的**古孔灵涅坡庄园**，根据时间和兴趣，从仁里村、龙川、湖村三个相邻的特色古村庄里选择游览。之后到**徽杭古道**，这是一条集自然风光与历史文化于一体的神秘走廊，徒步游览需6小时。如果你是资深古道徒步爱好者或者想寻求小众古道，不要错过相距21公里的家荆古道。徒步游览后结束行程。

途中亮点

宣州区 0563

◆ 宣城市博物馆　　　　见33页地图

博物馆建在宛陵湖旁边，景色宜人。这座升级后的新馆于2017年建成并对外开放，整体建筑面积约8000平方米，外观呈蝴蝶展翅状，非常独特。博物馆以"千年古郡，人文宣城"为陈列主题，馆藏文物4000余件。在这里，你能看到最早记载宣城古地名"爱陵"的原物——战国楚错金鄂君启节、清末宁国府（现在的宣州区）城池的九街十八巷复原模型、周边县城出土的青铜器和陶器，以及一些汉墓出土的明器。展厅四楼还有关于文房四宝的展览。另外，每天10:40和15:40各有一场3D影片《圆梦宣城》，让你沉浸式了解宣城的前世今生。

门票： 免费
营业时间： 周二至周日 9:00—17:00
微信公众号： 宣城市博物馆

◆ 谢朓楼　　　　见33页地图

被誉为"江南四大名楼"之一的谢朓楼位于宣城市区，始建于南北朝时期的南齐，有着千年历史，因李白《宣州谢朓楼饯别校书叔云》而闻名。谢朓是南齐的著名诗人，他担任宣城太守时曾建楼于陵阳山顶，时称"高斋"。唐代为纪念谢朓，重建此楼，以其在郡署之北，改称北望楼，人称谢朓楼、谢公楼。后历朝历代经历多次重建和重修。现在的谢朓楼重建于1997年，登楼可以远眺府山广场。从谢朓楼下来，穿过仿古街，就看到了开元塔，塔和楼隔街相望。开元塔也叫景德寺塔，它现在所在的开元小区，1000年前是一座开元寺。今存开元塔为宋代风格的楼阁式砖塔，平面为六角形，底边长8米，共9层，高34米左右，塔内有木梯，可以登塔。

门票： 免费
营业时间： 7:00—18:30

◆ 敬亭山　　　　见33页地图

李白的诗句"相看两不厌，只有敬亭山"，说的就是这里。敬亭山是中国历史文化名山，国家4A级旅游景区，原名昭亭山，晋初为避帝讳，易名为敬亭山。敬亭山属黄山支脉，山势呈西南—东北走向，大小山峰60座，拥有一峰、净峰、翠云峰三大主峰，最高峰翠云峰海拔324.1米。周围60余座山头如百鸟朝凤，簇拥在一峰周围，下部为丘陵岗地，海拔在50—100米。相传，

▲ 谢朓楼

▼ 敬亭山下敬亭湖

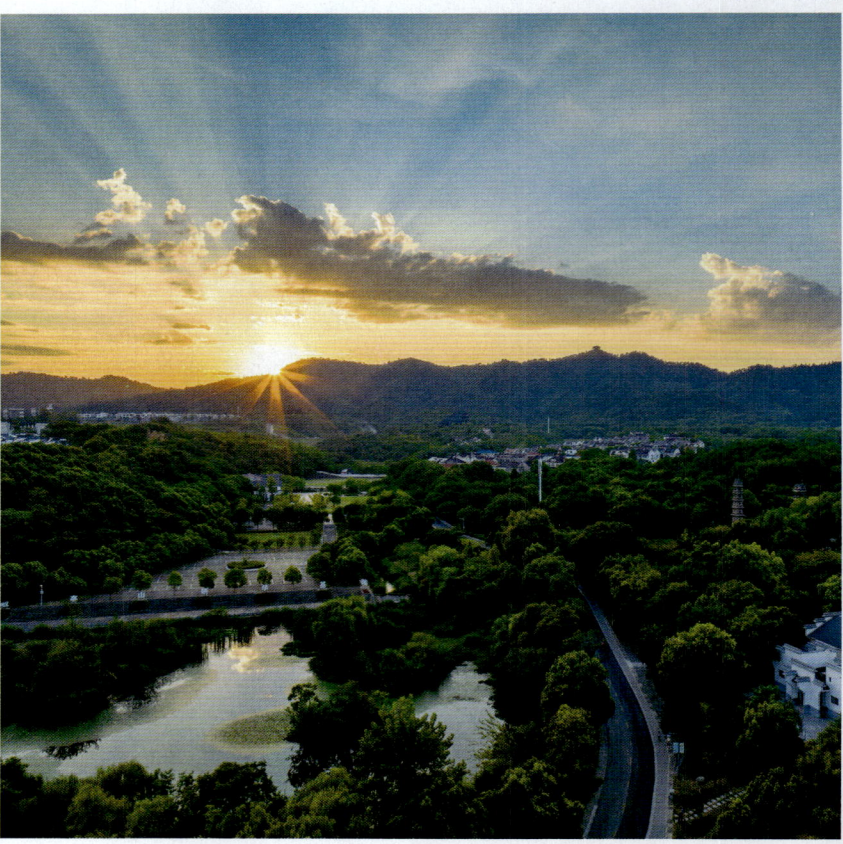

安徽省　35

▲ 皖南皮影博物馆

李白和玉真公主相遇相知，志同道合，玉真公主晚年在敬亭山修炼，李白也住在安徽宣城，他曾经七上敬亭山，并写下《独坐敬亭山》。来到此处，可以看一看广教寺、弘愿寺、玉真公主冢、翠云庵、敬亭湖等景点，赏一赏茶园风光，品一杯敬亭绿雪，听一听李白在敬亭山留下的名篇和传说。

门票： 4月至10月50元，11月至次年3月30元

营业时间： 8:00—16:30

微信公众号： 敬亭山旅游

◆水东镇老街　　见33页地图

水东古镇位于宣城市东南30多公里处，是一座有1100多年历史的皖南古镇。早在唐代，镇内茶花岭便已有繁华街市，后来因战争频繁，渐成废墟，明代时移到水阳江的东岸，取名"水东"。如今古镇还完好地保留着传统的徽派建筑，青砖、黛瓦、木檐、马头墙与光溜溜的青石板路面相映成趣，别有韵味。在这座古镇里，你会看见许多老人，他们承载着古镇的记忆，守护着那份烟火气。在老街上可以留意十八踏、五道井、皖南皮影博物馆、皖南民俗博物馆、大夫第、天主教堂等景点。此外，街上的枣木梳手工店、裁缝店、剃头店都是几十年的老店，值得进去看一看。可以带一些雕花枣木梳、油炸的青蒿饼、现磨的橡豆腐、水东蜜枣作伴手礼。

门票： 老街免费，皖南皮影博物馆与皖南民俗博物馆10元

营业时间： 老街全天，皖南皮影博物馆8:30—17:00，皖南民俗博物馆8:30—17:00

泾县　0563

◆水墨汀溪风景区　　见33页地图

水墨汀溪风景区位于汀溪乡东南，是皖南川藏线上的一个重要景区，包含大南坑景区、马家岭景区和桃岭景区。景区内群山逶迤，地形呈峡谷分布，是休闲度假的好去处。泾县水墨汀溪风景区森林覆盖率达80%，是泾县重点自然生态保护区，这里层峦叠嶂，碧水潺潺，茶园滴翠，鸟语花香，自然条件得天独厚，生态环境雅致清新，并有江淮大地上仅存的原始林区，以及桃岭盘山公路、秀丽梯田、无心拱桥、鬼魔剑、棋盘石、青龙潭等各具特色的景观，素有"绿色净土"之称，是人们休闲、度假、避暑、探幽的好场所。当你驶入山林，清新的空气和湿润的泥土气息、山林间特有的草木清香混合在一起，吸上一口，顿觉神清气爽。来此既可以沿着幽谷散步，也可以登山寻飞瀑，还可以体验刺激的皮划艇漂流和穿越山谷滑翔。

门票： 大门票50元，基础套票（大门票加景交车）58元

营业时间： 5月至10月8:00—18:00，11月至次年4月8:30—17:00

微信公众号： 水墨汀溪

◆小岭村　　见33页地图

小岭村是宣纸发源地。刚进村就会发现漫山遍野的树，它们都有着粗壮的树干、头上是一丛细细的枝条——这就是大名鼎鼎的青檀树。它的树皮是制作宣纸的关键原料，宣纸和其他纸的本质区别就是用了"青檀皮"。这些树枝每年都会被砍下来造纸，来年再长，这就造成了树干很粗而树枝很

皖南另辟蹊径之旅

安徽省

▲ 桃花潭老街村庄

细的样貌。据说，宋末元初，有曹姓人迁徙至此，以制纸为生，这种手艺在小岭代代相传，延续至今。你可以在进村入口参观徽记宣纸有限公司，也可以沿古檀山庄向上走20米，造访知名的安徽省泾县小岭宣纸厂，主事师傅会热情地带领你参观厂子，详细介绍宣纸的制作流程。村子的尽头有小岭迁祖曹三大的雕像。除此之外，跟随村中的指示牌可以找到九华古道的入口，这条长4公里的石板古道通往双岭坑，途中可以看到许湾的古槽遗址和有300年树龄的古檀树。

门票：免费

营业时间：小岭村全天，宣纸厂周一至周六

◆厚岸村   见33页地图

厚岸村是前往查济村途中值得一游的小镇。这里的景点有王稼祥故居纪念馆、王氏宗祠、聚星桥、通德门、东台书院、瑞气长凝、川军英烈园、宝峰崖、鸡公鸡母石、石门水库、观阳溶洞等，其中最有名的是王稼祥故居纪念馆和王氏宗祠。王稼祥出生于桃花潭镇厚岸村，是中国共产党和中国人民解放军卓越领导人，中国共产党和新中国对外工作的开拓者之一，纪念馆也是爱国主义教育基地。王氏宗祠有着让村里人骄傲的精美气派的花墙和门楼木雕。建议拍下祠堂里的导览地图，它能帮你按图索骥找到厚岸村里的所有老宅。

门票：免费

营业时间：王稼祥故居纪念馆8:30—16:30（节假日不休息），王氏宗祠8:00—12:00，13:00—15:00

◆查济村   见33页地图

"查"字应读作"zhā"，是村中主要宗族的姓氏，你可以在村口的查济艺术博物馆了解有关查济村的历史渊源。查济保存着大量古迹——书院、祠堂、石桥、宝塔、民居等，所有明清建筑都雕梁画栋，翘角飞檐，其中德公厅屋、涌清堂、爱日堂等住宅结构精致。古建的门窗扇格的木雕、厅堂柱础的石雕、门楼的砖雕，均繁刻精镂，主题涉及花鸟、禽兽、人物；房屋结构为三进或四进，进间有"四水到堂"式的天井，沿天井二楼廊廓置有"美人靠"，条石砌就墙基，柱基为圆形雕石，墙体青砖，屋上黑瓦。在查济，你时不时能够见到小溪中间、桥洞下方浣衣洗菜的本地人，她们说说笑笑，自得其乐。很多写生的艺术家和学生也会流连于此。

门票：旺季（3月至10月）70元，淡季（11月至次年2月）55元

营业时间：全天

◆桃花潭风景区   见33页地图

"桃花潭水深千尺，不及汪伦送我情"，桃花潭因李白的一首《赠汪伦》而闻名遐迩。作为泾县的旅游招牌，它自然是皖南线路上的重要一站。桃花潭水光潋滟，碧波涵空。潭岸怪石耸立，古树青藤缠绕，桃花似火飞霞，飞阁隐约其中，犹如蓬莱仙境，又似武陵人家。景区内自然景观和人文景观和谐相融，清新秀丽的山水体现

出天地之灵气，保存完好的古建又能引发人们对往昔的追忆。景区分为两个部分，以青弋江为界，北岸为陈村，南岸为万村，入口设在陈村，由一条老街贯穿。沿老街行走的途中可以看到被誉为"中华第一祠"的翟氏宗祠、八角三层的文昌阁、可以登楼赏景的踏歌岸阁等。南岸的万村植被丰富，你可以将这里当作公园漫步。在桃花潭码头凭借门票可以乘船直接到达对岸，你还可以在景区找到传说中的汪伦墓。

门票： 70元（含渡船）
营业时间： 8:00—17:00

◆中国宣纸文化园   见33页地图

来到宣城的泾县，就不能错过中国宣纸文化园。宣纸文化园主要由宣纸博物馆、三丈三大纸车间、宣纸技艺体验园这三个部分组成。设计灵感来源于古籍外形的建筑主体充满张力，一片片方形格栅通过不同角度呈现出叠纸的序列感，和中式庭院、徽派古建完美融合，仿佛营造出了一个宣纸的"天外天"。博物馆内主要讲述宣纸的历史、制作、分类以及生产流程。三丈三大纸车间里诞生了世界上最大的手工宣纸，你可以看到制作它的原材料，还有一幅使用它写就的作品。在后方的技艺体验园，你不但可以亲眼看到一张宣纸从备料开始的整个制作过程，还可以亲手捞一张宣纸带回家。

门票： 40元
营业时间： 8:00—16:30
微信公众号： 中国宣纸文化园

◆黄田村   见33页地图

北宋嘉祐年间，朱氏迁居于此，黄田村由此建立，距今已有1000多年的历史。黄田朱氏与理学家朱熹同宗共祖，并以儒商并重而鼎盛于清朝。这座小村庄虽然不起眼，但依山傍水，人才辈出，是文风昌盛的风水宝地。乾隆年间的贵州巡抚朱理，嘉庆年间的翰林院侍讲、国史馆总纂朱珔，近代实业家朱鸿度、朱幼父子，交响乐作曲家朱践耳，中国工程院院士、核物理学家朱永赟等都出自这个小村庄。黄田村将哲学、历史、美学、生态熔为一炉，集清代建筑艺术之大成，是皖南民居建筑的代表作。这里还有一座外形如船的"洋船屋"，据说是房主为了满足母亲想看洋船的愿望而建起的。黄田村还是许多影视作品的取景地，比如《月亮湾笑声》《黄英姑》及近年热播的《大江大河》等。

门票： 50元
营业时间： 8:00—17:00

旌德县 0563

◆文庙   见33页地图

旌德文庙的历史可上溯到元代，不过眼前的建筑为清代遗留，它不仅是旌德县历代尊孔、祭孔、传播儒家文化的圣地，也是该县特色的皖南古建筑之一。屋面为滚龙亮背，上下两层，各有四条垂脊，正脊中嵌火焰宝珠，正脊两端及垂脊角均嵌有鱼尾走龙。殿周建有石柱，上覆灰瓦，窗棂精雕细镂，檐牙高啄，气势宏伟。殿内立有四根硕大的银杏木柱，表通天之意。藻井上的彩绘分为两层，有凤、鸡、鹤、龙、象、鹿、麒麟及牡丹花卉等图案，还绘有八仙，中央最醒目的则是文曲星。纵观大小数十幅彩图，画面栩栩如生，寓意是寄望旌德子孙文星高照，大显神通。文庙的对面就是文昌塔，它曾处于旌德的中心位置。

门票： 免费
营业时间： 6:00—16:00

◆朱旺村   见33页地图

朱旺村位于旌德县蔡家桥镇，背倚群山，面向东南而呈扇形。它与汤村、乔亭史称"十里三村"，是一个始建于1300多年前的古村落，村口的白墙上写着村志、朱子家训，正是南宋理学家朱熹后裔积淀下来的"孝""仁""礼""信""义"的儒家文化精髓。这里有保存完好的古代九井十三桥。村里的九口古井并不在地面，而是位于河岸旁，紧贴着河水，其中的一口，就干脆直接设在了河床的正当中。它们皆用条石围成方形，与河水之间只是相隔了垒砌的石块。虽然一石之隔，可是井水却是从井底径直涌出，这就是"井水不犯河水"的最好诠释。村内现存47座保存完好的明清古建筑，主要有垂裕堂、绍兴堂、凫山书院、官厅、当铺等，若有兴趣，还可以走到村子的最深处，看看呈三叠状的龙潭瀑布。

门票： 50元
营业时间： 全天

◆江村   见33页地图

江村是江泽民的祖居地，江姓是此地一大姓。一方水土养一方人，江村历代名人辈出，有胡适夫人江冬秀、民俗学家江绍原、数学家江泽涵等。江氏宗祠作为江村江氏家族的总祠，是这里的一大看点，它始建于明，曾两度毁于大火又重建，1937年再度重修，是旌德县保存较完整的一座大型祠堂。江氏宗祠门楼高大巍峨，陈列着诸位先贤哲人。祠堂坐西北朝东南，面阔七间，三进二天井，由祠前广场、泮池、门厅、天井、享堂、廊庑、寝楼组成。祠堂汇集砖、木、石三雕工艺，技艺精湛，是典型的徽派古祠堂之一。宗祠附近的溥公祠、笃修堂、茂承堂、进修堂、黯然别墅等也各有看点。另外有两座高大牌坊立于街中，旁有一石，上书"父子进士坊"，意为有父子二人皆高中进士，特此立碑。

门票： 60元
营业时间： 8:00—17:00

徽州文房四宝

中国书法的工具和材料基本上是由笔、墨、纸、砚演变而来的，人们通常把它们称为"文房四宝"，大致是说它们是文人书房中必备的四件宝贝。

历史上不同时期，"文房四宝"所指具体之物略有不同：南唐时，特指安徽宣城诸葛笔、安徽徽州李廷圭墨、安徽徽州澄心堂纸、安徽徽州婺源龙尾砚；自宋朝以来，则特指宣笔（安徽宣城市）、徽墨（安徽黄山市、宣城市）、宣纸（安徽宣城市泾县）、歙砚（安徽徽州歙县）。由此可见，安徽皖南称得上中国文房四宝的齐聚地。

徽州文房四宝的特点有：宣笔"锐、齐、圆、健"，四德兼备；徽墨拈来轻，磨来清，嗅来馨，坚如玉，研无声，落纸如漆，万载存真；宣纸肤如卵膜，坚洁如玉，细薄光润，冠于一时；歙砚则是涩不留笔，滑不拒墨，多年宿墨，一濯即净。

如今，制作宣笔、宣纸、徽墨、歙砚的手工技艺都传承下来。来到安徽，不妨去泾县探访笔厂，到绩溪和屯溪的胡开文墨厂学习制墨知识，去小岭村和宣纸文化园亲手制作一张宣纸，再到歙县的博物馆参观歙砚陈列。

绩溪县 0563

◆ **上庄村** 见33页地图

上庄村依山傍水，风景优美，小河穿村而过。这里保留着完整的徽州古村落样貌，白墙、黛瓦、青石板、马头墙，曲折狭长的胡同在村里纵横交错，墙上张贴着胡适语录。这里就是"明经（通晓经学）胡"的故乡，胡雪岩、胡天注、胡适这样的大人物都曾在人生某个阶段在上庄逗留过，对他们感兴趣的旅行者可来此寻找有关他们的蛛丝马迹。村中心就是胡适的塑像，他的身后便是胡开文纪念馆，在纪念馆的"思齐堂"里有胡开文制墨的介绍，还有当年的墨制品和传统的制墨工具。顺着一旁的路标走入深巷，兜兜转转才能找到胡适故居。这座传统的徽派建筑很普通，没有华丽的装饰。胡适先生在这里度过的时间并不长，但当年和夫人江冬秀就是在庭院左侧的正房中完婚的。

门票：45元
营业时间：9:00—17:00

▼ 上庄村的胡适塑像

◆ **绩溪博物馆** 见33页地图

绩溪县历史悠久，汉代称华阳镇，是古新安、古歙州、古徽州的重要组成部分，也是徽文化的重要发祥地，来到绩溪博物馆可以了解其深厚的文化底蕴。博物馆的建筑由设计过北京鸟巢国家体育场的建筑大师李兴钢主持设计，将传统徽派与现代建筑风格和谐相融，在这里，你可以留意白墙、青瓦、天井、街巷、庭院、假山、水岸、圆门、瓦窗等徽派建筑所有的元素，馆内的古槐已有700岁高龄。博物馆的展览主题以徽州人文、山水、徽商、徽菜等传统文化为主。

门票：免费
营业时间：9:00—11:00，13:30—16:00，周一闭馆
微信公众号：绩溪博物馆

◆ **三雕博物馆** 见33页地图

三雕博物馆距离绩溪博物馆几步之遥，需要走入广播电视台院内。所谓三雕，即徽州特色的砖雕、木雕和石雕。博物馆本身是周氏宗祠，除展品外，建筑也是极大看点。周氏宗祠现由影壁、门楼、庭院、廊庑、正厅、庭院、寝室等部分构成。门楼为重檐歇山式屋顶，面阔七间，进深两间。庭院中设甬道通向正厅，两边皆用青条石铺面。廊庑面阔五间，进深一间。正厅面阔五间，进深四间，斗拱挑檐，做工讲究，额枋梁驮、平盘斗、扶脊木、雀替等建筑构件无一不镂、无一不雕，线条遒劲豪放。博物馆除了有民间征集来的明清时期的砖、木、石雕精品外，还有明代工部尚书胡松和明大中大夫云南参政胡淳墓道上的石人、石马、石狮、石羊等，数量颇丰，雕刻精美。

门票：免费
营业时间：8:00—11:30，14:30—17:30，周一闭馆

◆ **古孔灵涅坡庄园** 见33页地图

古孔灵涅坡庄园的主人是唐越国公汪华的

安徽省 39

▲ 徽杭古道

七十五世孙汪樽，故也称汪家大院。然而它藏在巷子深处的豪宅门面极为低调，甚至走过路过还会错过。庄园依山傍水，面临街巷，粉墙黛瓦，浓绿与黑白相映，形成独特的风格。一进门就能看到宋徽宗赵佶亲笔御赐的瘦金体牌匾"江南第一家"，另有胡适所提"涅坡别墅"。永不干涸的活水开池（方形池）、玄机重重的八角玄井等都极为特别，再现了豪华徽派民居潜心以农耕传家的情怀，整座庄园体现了徽州世家大族不愿跻身官场，情愿隐居山林、潜心农耕的处世态度。

门票： 65元
营业时间： 8:00—17:00

◆ **徽杭古道**　　　　　见33页地图
徽杭古道，东起临安的清凉峰镇，西至安徽宣城绩溪县的伏岭镇，全长25公里。这是一条联系徽州和杭州的重要通道，也是继丝绸之路、茶马古道之后排名第三的中国著名古道，还被网友评为全国十佳徒步路线。徽杭古道始建于唐代，至今已经有1000多年的历史。徽州由于地窄人稠，老百姓只能走出深山，谋求发展，徽杭古道就是他们通往杭州、上海的唯一捷径。其中，最有名的就是清代安徽籍商人胡雪岩，他就是沿着古道肩挑背扛进浙经商，最后成了红极一时的红顶商人。仅从风光来讲，徽杭古道并不出众，但它以奇险峻著称。如果计划穿越，从古道的西门向东门，或者东门向西门皆可，起点、终点、沿途皆有大量补给站，几乎不用负重，总共耗时约6小时。

门票： 免费
营业时间： 全天
微信公众号： 徽杭古道

食宿推荐

🍜 **当地美食**

宣城市　宁国山核桃、水东蜜枣
泾县　琴鱼、酱菜、宣州板栗
旌德县　胡适一品锅、旌德大饼、黄牛肉
绩溪县　绩溪燕笋干、绩溪一品锅、绩溪挞馃、臭鳜鱼

🛏 **热门住宿地**

宣城市　万达广场、国购广场
水墨汀溪风景区　游客服务中心附近、景区内
查济村　查济村委会附近、查济古建筑群附近
旌德县　客运总站、城西路
绩溪县　绩溪北站、龙川风景区、徽杭古道

皖南另辟蹊径之旅

徽州山水精华之旅

黄山市：歙县 ➡ 黄山区 ➡ 黟县 ➡ 休宁县 ➡ 屯溪区

里程：310 公里
天数：6 天
驾驶难度：★★★☆☆
新能源车友好度：★★☆☆☆

这条线路集聚了徽州山水景观的精华。新安江上，山与水恰如其分地结合，再点缀应季的春花、冬雪，你便能瞬间领悟新安画派的灵感来源。神秘的北纬 30° 创造出奇峰黄山，有着凌驾五岳的无上盛景。传统古村落西递和宏村的街道、古建都是独特的文化遗存。齐云山则有着道教的超然氛围。最后在徽州交通与商业的中心屯溪区结束行程。一路上，你可以看到涓涓细流勾勒出一座座山清水秀的村落，崇山峻岭隔开一片片隐逸的世外桃源，以及浓缩了明清两代风格的牌坊和宗祠。值得注意的是，沿途有不少盘山公路，需要小心驾驶。

行程安排

第 1 天 ① 歙县 ⬌ ② 新安江山水画廊风景区　**56 公里**

从黄山市歙县出发，沿 S347、X003 行驶至深渡镇的**新安江山水画廊风景区**，乘上午 9:00 或 10:30 的游船，游览完毕后可去体验周边村落的风景。之后原路返回歙县，中途可游览**渔梁坝**。回到歙县后游览**徽州古城**，夜宿古城中。

第 2 天 ① 歙县 ➡ ③ 黄山　**96 公里**

从歙县出发，沿京台高速、X036 前往黄山区的黄山，中途可停车游览歙县的**棠樾牌坊群**和徽州区的西溪南古村落、呈坎。抵达黄山后夜宿景区附近，做好登山的准备。

第 3 天 ③ 黄山

根据不同景区选择不同的登山线路，游览**黄山**。若要看次日日出，可以夜宿光明顶。

第 4 天 ③ 黄山 ➡ ④ 宏村　**87 公里**

下山后，沿 X036、京台高速前往黟县的宏村。途经《卧虎藏龙》的拍摄地**木坑竹海**，可以停留游览，收获满眼绿色。到达**宏村**后，夜宿宏村。

第 5 天 ④ 宏村 ➡ ⑤ 西递　**18 公里**
⑤ 西递 ➡ ⑥ 齐云山　**19 公里**

游览完**宏村**后，沿 G530、宏村大道、S479 向**西递**行驶。一路上，除了被列为世界遗产的西递、宏村，沿途还会经过"写生胜地"屏山、电影《菊豆》的取景地南屏、文艺的碧山等皖南古村落，可以根据兴趣选择游览。游览完西递后，沿 G530、G237 行驶至休宁县的齐云山，夜宿景区附近。

第 6 天 ⑥ 齐云山 ➡ ⑦ 屯溪区　**34 公里**

游览**齐云山**后，沿 G237、齐云大道向屯溪区行驶，途经休宁县人烟稀少的**万安古镇**和**古城岩**时，可以顺道游览。到达屯溪区后，游览**屯溪老街**、**胡开文墨厂**，喜欢夜生活的不要错过时尚的**黎阳 in 巷**。游览完毕后结束行程。

▼ 西递牌坊

徽州山水精华之旅

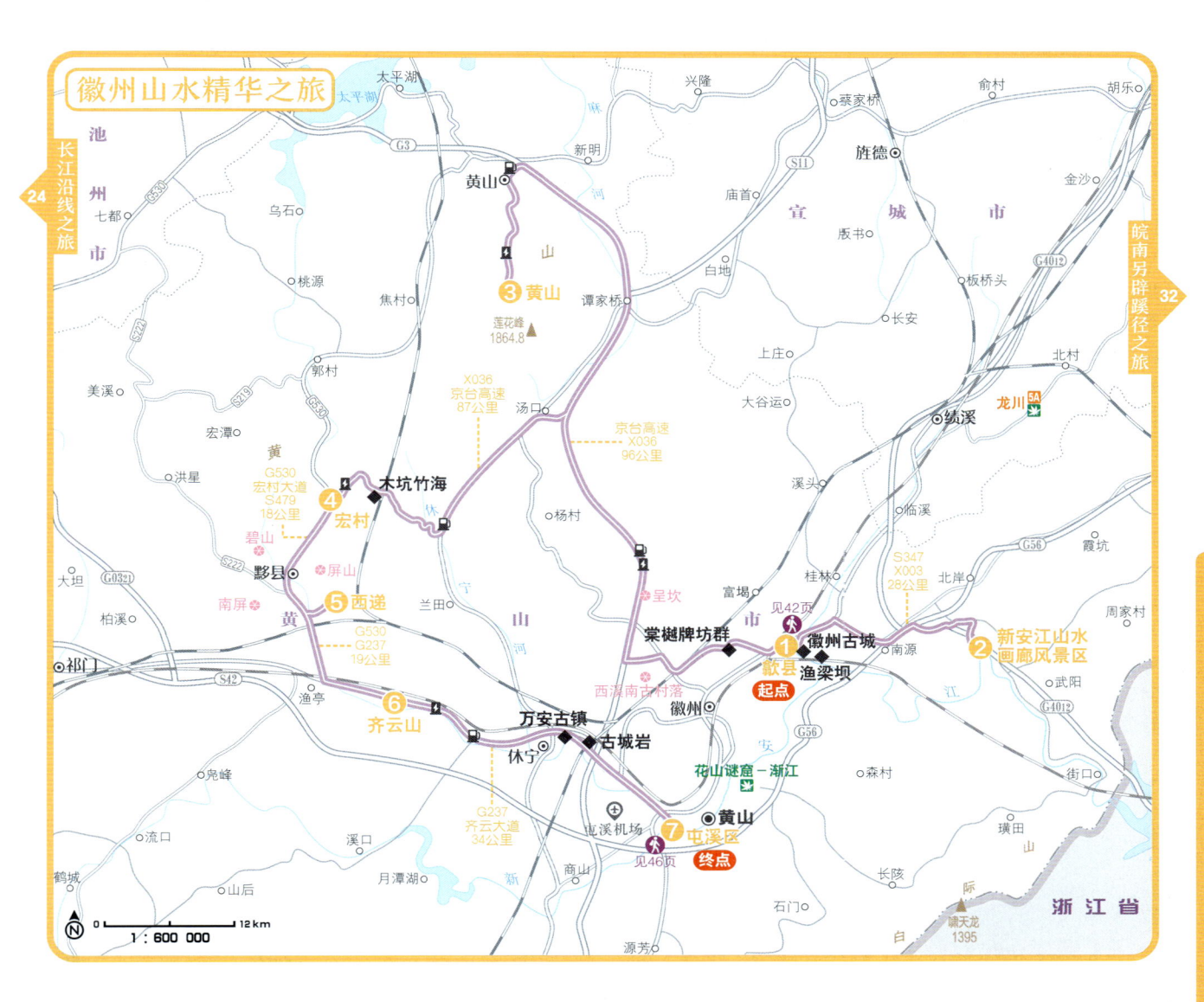

途中亮点

歙县 0559

◆ **新安江山水画廊风景区**　见本页地图

古时，徽州一度被称为"新安"，新安江作为古徽商最便捷省力的黄金通道，是无数文人墨客行吟新安的必经之路。诗人孟浩然就言"湖边洞庭，河入辛安青"，诗仙李白又作"借问新安江，见底何如此。人行明镜中，鸟度屏风里"。新安江山水画廊，是风景最优美的一段，江水四季都澄澈无比，夹江两岸，河滩蜿蜒。每年的油菜花季，这里都会吸引大量游客。来到这里，不要错过乘船观赏山水画廊，沿途风景精彩绝伦。船会在码头、九砂、绵潭和漳潭等古村落停留，让你有足够的时间参观和游览。每天都有4班船，发班时间为上午9:00、10:30，下午13:00、14:30，记得提前安排好时间，选择合适的船次准时出发。

门票： 门票80元，船费68元（升舱30元）

营业时间： 8:00—14:30
微信公众号： 山水画廊深渡镇

◆ **渔梁坝**　见本页地图

渔梁坝是新安江上大小商贾船队往来的一个重要码头，明清时期徽商就从这里起航承接家族兴旺。渔梁坝从唐代开始修筑，宋、明、清屡次加固，是新安江上游最古老、规模最大的古代拦河坝，发挥了泄洪防旱、截流行船和美化环境的作用，也是徽州古代最知名的水利工程，被称为"江南第一都江堰"。渔梁坝全部用上吨重的条石垒砌，并且使用了楔形石锁将相邻的条石互锁，构成牢固的整体。坝体中间有凹下去的排水槽，让上游水漫坝而过。渔梁坝横截练江，坝上水势平坦，坝下激流奔腾，南端依龙井山，北端接渔梁古镇老街。老街上有布展比较简单的渔梁坝博物馆、巴慰祖纪念馆及元和堂药铺等，可以停留参观。

门票： 30元

营业时间： 7:30—17:00

◆ **徽州古城**　见本页地图

由于曾经是徽州府治所在地，歙县有徽州极少见的古城。这座拥有城墙和州府的徽州首府，统辖徽州六县。至今，歙县人依然以徽州文化正统而骄傲，其雄厚的文化及旅游实力不可小觑。徽州古城也是保存完好的中国四大古城之一。古城分内城、外廓，有东西南北4个门，还保留着瓮城、城门、古街、古巷等。城内景区包含徽园、渔梁坝、许国石坊、斗山街、陶行知纪念馆、新安碑园、太白楼等，覆盖了新安理学、徽派朴学、新安画派、徽剧、徽菜、徽州茶道、徽州方言等徽州文化。歙县古城内的打箪井街直至西街一号，已经崛起为新兴的民宿和特色餐饮聚集区。

门票： 免费
营业时间： 全天
微信公众号： 徽州古城歙县

特别呈现

漫步徽州古城

起点： 安徽徽州历史博物馆
终点： 西街一号
距离： 约3公里
需时： 1小时

❶ **安徽徽州历史博物馆**的展品算不上多，但胜在布展颇花心思，可以在这里了解下徽州地区的历史。参观完向北走，便可看到 ❷ **南谯楼**，这座古代夜间向人们报时的谯楼如今开设了茶馆。继续向北到达规模可观的 ❸ **徽州府衙**，它类似于现代的行政管理部门。之后沿中和街向东就看到了四面八角的 ❹ **许国石坊**，它被喻为"东方的凯旋门"。之后右拐进打箍井街，路过打箍井后便是 ❺ **黄宾虹纪念馆**，其对面是 ❻ **曹氏二宅**。参观完后，向南再向东穿过十字街，在路口左转进入小北街，走到与中和街的交叉口，便可看到 ❼ **陶行知纪念馆**，不妨拜访一下。之后沿中和街一路向东，看到斗山街的标志后走进去，沿着巷子向北，便是古代私塾建筑 ❽ **许家厅**，再往北，就能看到斗山街取水的地方 ❾ **蛤蟆井**。走到路口转向西来到 ❿ **豸绣重光坊**，看看这座为纪念两位同时担任御史的兄弟而建的牌坊。之后沿大北街一路向南，路过热闹的三岔路口后，向南走进新南街，可以看到 ⓫ **中和街钟楼**，随后继续向前走到西街右拐，到达曾经的县委大院 ⓬ **西街一号**。

▼ 徽州古城内的徽州府街

安徽省 43

▲ 黄山

◆ 棠樾牌坊群   见41页地图

棠樾，古称"唐越"，又名棠川、慈孝里。棠樾鲍氏为新安十五姓中的大姓，南宋迁居于此，历代人才辈出，名人如云。七连座牌坊群在全国仅此一处，修建耗时跨越几百年。这七座牌坊皆为褒奖鲍氏家族的忠、孝、节、义所立，从敦本堂算起，按顺序分别为鲍灿孝行坊、慈孝里坊、鲍文龄妻汪氏节孝坊、鲍淑芳父子义行坊、鲍文渊继妻吴氏节孝坊、鲍逢昌孝子坊和鲍象贤尚书坊。每座牌坊都以质地优良的"歙县青"石料为主打造，这种青石牌坊坚实高大，为明清时期古徽州建筑艺术的代表作，它们也是徽商纵横商界300余年的重要见证。乾隆曾褒奖牌坊的主人鲍氏家族，称其"慈孝天下无双里，衮绣江南第一乡"。

门票： 100元
营业时间： 8:00—17:00
微信公众号： 棠樾牌坊群鲍家花园

黄山区 0559

◆ 黄山   见41页地图

黄山以高峰绝壑、气势磅礴为特点，俗语道"黄山归来不看岳"。拥有"天下第一奇山""人间仙境"等诸多美誉的黄山绝对是安徽的名片，迎客松的形象更是名满天下。奇松、怪石、云海、温泉被称为黄山"四绝"，而雾凇、雪景、日出也是来此不容错过的景观。景区分为前山和后山，前山雄伟，后山秀丽。迎客松、半山寺、天都峰、玉屏楼等著名景点位于前山，而飞来石和

▼ 棠樾牌坊群

徽州山水精华之旅

狮子峰等景点所在的北海和西海则位于后山。按景区划分的话可分为温泉景区、玉屏景区、白云景区、云谷景区、北海景区、松谷景区等。想要尽览这里的风景，建议至少留出两天时间，不过在首次检票时做好实名登记，三天内可两次进入景区。黄山各景区附近也有许多称心如意的住处，山上的住宿价格比较高，如果想在山顶露营，无论是自备还是租赁帐篷，都必须在进入景区前，提前向黄山风景区宿营帐篷综合服务中心或各露营点分中心进行电话实名预约。

门票： 景区190元；景区巴士19元；玉屏索道90元，云谷索道80元，太平索道80元。

营业时间： 景区开放时间3月2日至11月30日周一至周五7:00—17:10，周末及节假日6:30—17:40；12月1日至次年3月1日8:00—16:00。景区换乘巴士时间及索道运营时间请参考微信公众号信息。

微信公众号： 黄山旅游官方平台

黟县 0559

◆木坑竹海
见41页地图

到了宏村，不要错过木坑竹海。传说很久以前，这里本是古木参天、松杉成林，村落依山傍水，村民聚众而居。在山谷中建成的村落被四周树木团团围住，从远处登高眺望，村庄如同沉绿浪谷底，人们都称这里为"木坑"。后来因为战乱，树木都烧光了，村民为了生存，就种下了竹子，没想到如今倒成了旅游胜地，还是电影《卧虎藏龙》中"竹林斗剑"的取景地。从宏村自驾至此，海拔逐渐升高，视野也就宽阔了。从车窗看出去，山下的村庄就像一只正在犁耕的健牛，而南湖就像是牛角上一颗明珠。远处的高庵尖耸入云霄，少许云雾时隐时现缭绕山尖。沿着山路向上，在竹海中穿行，满目绿色，让人神清气爽，疲倦的身心得到了放松。

门票： 40元
营业时间： 8:00—17:00
微信公众号： 木坑竹海

◆宏村
见41页地图

作为能列入世界文化遗产的乡村，宏村自然有它的独特魅力。宏村是徽派民居村落中的代表，村内保存完好的明清民居140余栋，有包括水圳、南湖、月沼等在内的多处著名景点。这座"牛形村落"从高处看，宛若一头斜卧山前溪边的青牛，月沼为牛

▲ 木坑竹海

▼ 宏村月沼

胃，南湖为牛肚，河溪上架起的四座桥梁构成牛腿。南湖就在宏村的入口处，是拍摄宏村全景的好地方，雨天时能拍出徽派山水画卷的感觉。游览宏村最佳时间是清晨，水汽氤氲，永乐年间的宗祠乐旭堂将倒影投射到与之同龄的月沼中，而清代嘉庆年间修建的南湖书院则将影子投射到万历年间开挖的南湖上。村内还有树人堂、松鹤堂、居善堂等古民居，雕工精美，不妨一看。

门票： 104 元

营业时间： 全天

微信公众号： 宏村旅游

◆ **西递** 见 41 页地图

西递位于黟县城东，建于北宋皇佑年间，距今已有近千年历史。村内保留着明清古民居 300 余幢，建筑及路面都用大理石铺砌，两条清泉穿村而过，99 条高墙深巷使游客宛如置身迷宫，因此西递素有"桃花源里人家"之称。西递村是一座古朴典雅、底蕴深厚的古村落。它拥有古徽州精湛的"三雕"建筑艺术，形成了底蕴深厚的徽州地域文化的显著特征。景区的标志是村头三间四柱五楼的青石牌坊，为明万历六年（1578 年）胡文光刺史牌楼，全用本地黑色的"黟县青"建成，雕琢精绝，巍峨高耸，是显赫地位的象征，为我国石坊建筑之瑰宝。除此之外，凌云阁、履福堂、敬爱堂、大夫第等也是西递的经典建筑。漫步村中，随处可见粉墙青瓦、漏窗门罩，还有层层叠叠的飞檐翘角和高耸的马头墙，时间在这里也放慢了脚步。

门票： 104 元

营业时间： 全天

微信公众号： 西递旅游

休宁县 0559

◆ **齐云山** 见 41 页地图

作为中国的道教名山，齐云山因常年山云平齐而得名，但因其毗邻黄山和九华山等名山，这里的名气并不如另外几座。齐云山奇峰摩天，砂岩的质地松软，便于凿刻、开路、修建洞府，这是它成为道场的得天独厚的条件。景区由 4 个游览区组成，分别是月华街、横江、云岩湖和楼上楼。其中，月华街和横江属必游区域，乘月华索道穿越云海体验"舒适登山"的惬意，坐横江山水竹筏感受人在画中游的浪漫。云岩湖和楼上楼游览区位于景区后山，人少景美，曲径通幽，但是探秘后山需专业导游陪伴。攀登齐云山需要 1 个多小时，索道上山只要 10 分钟，在油菜花季，坐索道还可俯瞰被油菜花田包围的小山村。齐云山虽不高，但风景奇佳，不可错过。

门票： 68 元，索道单程 60 元

营业时间： 景区 8:00—17:00；索道 8:00—16:50；竹筏 9:00—16:30，半小时一班

微信公众号： 祥源齐云山度假区

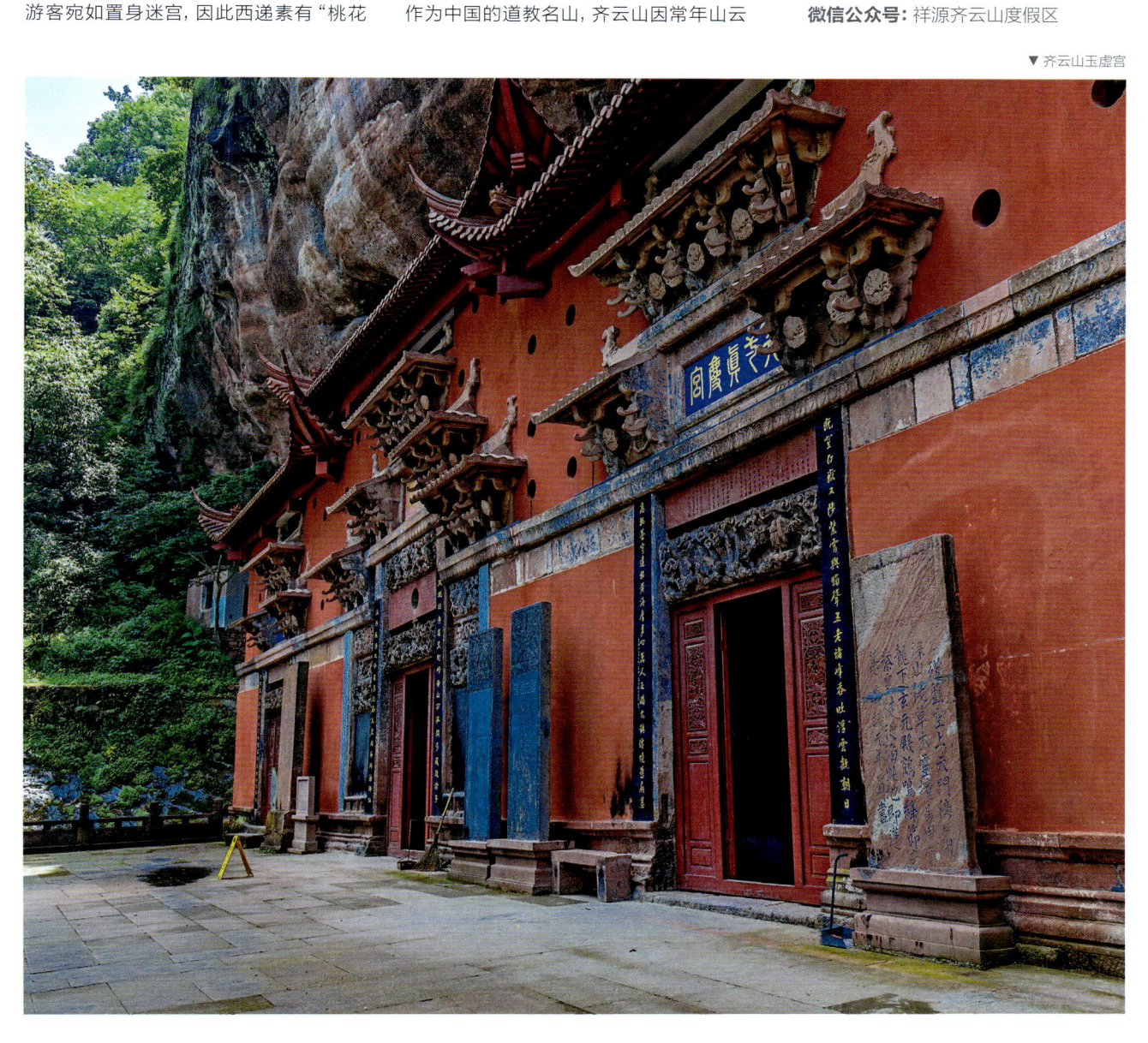

▼ 齐云山玉虚宫

徽州山水精华之旅

特别呈现

漫步屯溪

起点： 老街牌坊
终点： 黎阳 in 巷
距离： 约 2 公里
需时： 1 小时

从 ❶ **老街牌坊** 出发，沿着老街一路向西，路过中华老字号百年中药店铺 ❷ **同德仁药店** 时进去看看，闻闻浓浓的中药香，欣赏一下中堂挂的《山鹿图》。之后来到老街中段的 ❸ **屯溪博物馆**，了解屯溪和老街的历史变迁。继续向西，可以看到属于私人的 ❹ **万粹楼博物馆**，里面的歙砚、木雕和名人字画值得一赏。❺ **戴震纪念馆** 是这位清代著名哲学家、思想家、经学家的故居，通过他的生平事迹可了解他为中国文化的进步做出的重要贡献。纪念馆旁边是红色教育基地 ❻ **中共皖南特委旧址纪念馆**。参观完后向北走到路口后右拐，进入延安路辅路后直行百余米，左转，通过马路沿着小巷子循着墨香味直行 100 余米，到达 5 号楼的 ❼ **胡开文墨厂**，在这里可以了解制墨的传统工艺和工序。参观完后，原路返回延安路辅路，沿路南侧向西，通过一座明代大桥，就到达了新安江对岸的 ❽ **黎阳 in 巷**，这里有各种各样有趣的店铺，让你尽情享受活力与热情。

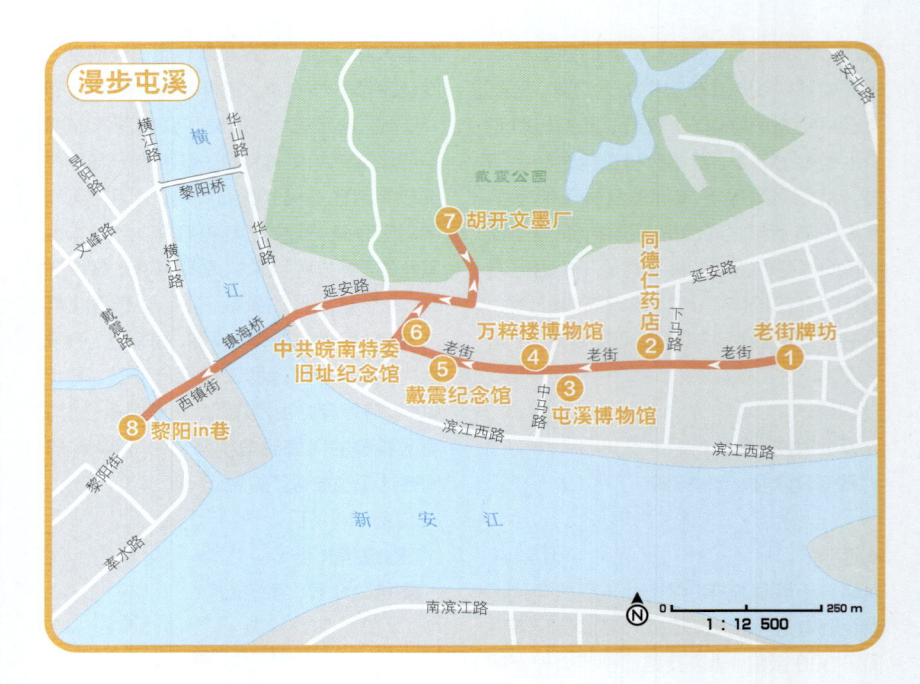

▼ 屯溪老街上的万粹楼博物馆

安徽省　47

◆万安古镇　　见41页地图

万安古镇坐落在安徽省休宁县城以东3公里处，建于隋朝末年，距今已有千余年历史。明清徽商鼎盛时期，万安依横江之畔，上通当时的省会安庆，下通徽州府和杭州，一直是古徽州重要的水陆交通要道。这里商贾云集、人文荟萃，是古徽州"四大古镇"之一，享有"小小休宁城，大大万安街"之美誉。如同其他江边古镇，万安的码头与石阶梯错落排列，高脚河房有着褪色黯淡的木门，偶有老人在桥头沉睡。上街、中街这两条古老的街道实际是一条，中间隔着一条河，由两座古桥连接。万安罗盘制作技艺这项汉族传统手工艺也是在这里诞生的，它入选了首批国家级非物质文化遗产。古镇上有家罗盘博物馆，感兴趣的话可以去参观。

门票: 免费
营业时间: 全天

◆古城岩　　见41页地图

古城岩是一座小山丘，曾经是隋唐州治所在地，与万安古镇遥遥相望。1998年，香港老板斥资将散落于全县各地的7幢明清古宅、5座石牌坊搬迁到古城岩的山坡之上，集合于古城大道，再加上原有的古民居、宝塔、古桥，形成古徽州历史文化的缩影。这里有完整的水口亭阁沙堤亭和明清牌坊，其中明代的张应扬功德坊和吴继京功名坊雕刻极为精美。西园则再现了一座三开间的徽州古戏台的模样。古城岩展现出了真实历史中不可能出现的画面：金、朱、汪、程各家的宅院比邻而居，高处却是黄氏宗祠。由于休宁的旅游业不算发达，这里的游客很少，这倒是你近距离接触明清古建细节的好机会。

门票: 50元
营业时间: 8:00—17:00

屯溪区 0559

◆屯溪老街　　见本页地图

屯溪老街坐落在横江、率水、新安江三江交汇处，是屯溪最热闹的地方，被称为"活动着的《清明上河图》"。屯溪老街保持了相对完整的明清时期典型的徽州传统建筑风貌，具有较高的历史、文化、艺术价值。老街两侧店铺鳞次栉比，错落有致，周边18条巷弄和一、二、三马路，把老街和华山、新安江相沟通，呈鱼骨式结构。走在老街上，可以找寻屯溪博物馆、万粹楼博物馆、戴震纪念馆等景点，品尝臭鳜鱼、毛豆腐、一品锅、酒酿丸子等特色美食，还可以买点烧饼、徽墨酥、茶干、火腿等特产作为伴手礼。

门票: 免费
营业时间: 全天
微信公众号: 屯溪老街文旅公司

◆胡开文墨厂　　见46页地图

胡开文墨厂由徽州人胡天注创始于清乾隆三十年（1765年），已有200多年的历史。胡开文墨具有色泽黑润、历久不褪、捺笔不谬、入纸不晕的特点，是绝佳的书写绘画工艺美术文化用品，曾于1979年、1983年蝉联国家优质产品银质奖章，1989年荣获争创国家优质产品金质奖章。位于屯溪区老虎山5号的胡开文墨厂是百年老字号，设有雕模、点烟、制墨、晾墨、打磨、描金等十多道生产工序和一个设备齐全的墨锭理化检测中心，集中了名家制作徽墨的全部技术设备和祖传配方。它还拥有明清以来历代名家创作雕刻的珍贵墨模7000多种，并传承了传统工艺精华——古法手工点烟技术。

门票: 免费
营业时间: 8:30—11:30，14:00—17:30

◆黎阳in巷　　见46页地图

"日游黄山，夜泊黎阳"，黎阳in巷已成为黄山旅游时尚新地标。黎阳始建于东汉建安十三年（208年），归新都郡管辖，后并入海宁县（今休宁县），距今已有1800多年的历史。黎阳in巷是集非遗文化、主题餐饮、休闲娱乐、民宿、购物于一体的特色文化旅游街区，位于黄山市三江交汇景观绝佳之处，与屯溪老街隔江相望，在原有黎阳老街肌理上保留了石宅、贾宅、李氏医寓、梁宅等十栋徽派古宅，并加入现代建筑的新鲜元素，让千年黎阳老街焕发新生活力。夜晚的街区尤其热闹，街区水系打造出雾森景观，斑驳的老墙上还投映着蒙太奇电影。

门票: 免费
营业时间: 全天
微信公众号: 黎阳in巷

食宿推荐

当地美食

歙县	石头粿、油煎毛豆腐、豆腐脑髓
黄山区	宏村毛豆腐、"蟹壳黄"烧饼、苞芦松
黟县	鱼亭糕、腊八豆腐
休宁县	皖花火腿、五城茶干
屯溪区	屯溪醉蟹、徽州臭豆腐

热门住宿地

歙县古城	西街一号附近、古城西北门附近
黄山	北海景区、玉屏景区、白云景区
宏村	月沼附近、南湖附近
齐云山	月华天街

▼石头粿

徽州山水精华之旅

图书在版编目（CIP）数据

安徽／"中国自驾游"编写组编写．-- 北京：中国地图出版社，2025.1．--（中国自驾游）．-- ISBN 978-7-5204-4371-5

Ⅰ．K928.954

中国国家版本馆CIP数据核字第2024ZV1158号

主　　编 | 马　珊
责任编辑 | 王若玢
编　　辑 | 于佳宁　李偲涵　叶思婧　刘　煜
责任地图 | 刘红艳
地图制作 | 张晓棠　王宏亮　邓伟辉
封面设计 | 李小棠
版　　式 | 王愔嬑　北京梧桐影电脑科技有限公司
责任印制 | 苑志强

中国自驾游·安徽
ZHONGGUO ZIJIA YOU · ANHUI

出版发行	中国地图出版社
社　　址	北京市西城区白纸坊西街3号
邮政编码	100054
网　　址	www.sinomaps.com
印　　刷	北京盛通印刷股份有限公司
经　　销	新华书店
成品规格	210mm×297mm
印　　张	3
版　　次	2025年1月第1版
印　　次	2025年1月北京第1次印刷
定　　价	29.90元

书　　号　ISBN 978-7-5204-4371-5
审 图 号　GS京（2024）1558号

咨询电话：010-83495072（编辑），010-83543933（印装），010-83543958（销售）
本书图片由视觉中国提供。